300 neue Rätsel für Kinder

Dagmar Zey, René Zey

300 neue Rätsel für Kinder

... mit Erfolgsgarantie!

Zum Thema bereits erschienen:

Ingrid Biermann
Kindergeburtstag!
Spiele, Bastelideen,
Lieder, Rezepte
Mit 10 Mottopartys
ISBN 3-332-01344-0

Hajo Bücken
Der neue Spielespaß
Ideen für 1 oder 2
Personen
ISBN 3-332-01343-2

Hajo Bücken
Spiele für die Familie
Über 150-mal Spaß für
drinnen und draußen
ISBN 3-332-01295-9

Ingeborg Düffert
Kinderverse für
Familienfeste
ISBN 3-332-01087-5

Marlies Götter
Weihnachtszeit,
Kinderzeit
Spiele, Geschichten,
Lieder, Bastel- und
Rezeptideen
ISBN 3-332-01345-9

Elke Müller-Mees
Es fragt die bunte Kuh:
»Wer bist denn ...?«
Sprach- und Wortspiele
für Kinder
ISBN 3-332-01336-X

Elke Müller-Mees
Kinderspiele für alle
Sinne
ISBN 3-332-01437-4

Elke Müller-Mees
Kindertheater in der
Weihnachtszeit
ISBN 3-332-01436-6

Elke Müller-Mees
Kindersketche für
Familienfeste
ISBN 3-332-01298-3

Elke Müller-Mees
Neue Weihnachts-
gedichte für Kinder
ISBN 3-332-01341-6

Jutta Rintelen
Die schönsten Sprüche
und Verse fürs
Poesiealbum
ISBN 3-332-01086-7

Die Autoren: Dagmar Zey arbeitet als Grundschullehrerin in Bedburg/Erftkreis. Als Autorin hat sie Ratgeber zur Einschulung und diverse Rätselbücher veröffentlicht. René Zey ist examinierter Gymnasiallehrer. Als Autor hat er sich auf Spiele- und Ratebücher für Kinder und Erwachsene spezialisiert. Er erhielt u. a. den Kulturpreis der Stadt Essen und das Autorenstipendium des Landes NRW.

Bibliografische Information Der Deutschen Bibliothek
Die Deutsche Bibliothek verzeichnet diese Publikation in der Deutschen Nationalbibliografie; detaillierte bibliografische Daten sind im Internet über http://dnb.ddb.de abrufbar.

www.dornier-verlage.de
www.urania-verlag.de
1. Auflage August 2003
© 2003 Urania Verlag, Stuttgart
Der Urania Verlag ist ein Unternehmen der Verlagsgruppe Dornier.

Die Verwertung der Texte und Bilder, auch auszugsweise, ist ohne die Zustimmung des Verlages urheberrechtswidrig und strafbar. Dies gilt auch für Vervielfältigungen, Übersetzungen, Mikroverfilmungen und für die Verarbeitung mit elektronischen Systemen.

Umschlaggestaltung: Behrend & Buchholz, Hamburg
Titelfoto: Norbert Schäfer/corbisstockmarket
Zeichnungen: Martin Schulze, Berlin
Lektorat: Dr. Marianne Jabs
Gestaltung und Satz: Ingeburg Zoschke
Druck: Westermann Druck Zwickau
Printed in Germany

ISBN 3-332-01431-5

Inhalt

6 Vorwort: Liebe Leserin, lieber Leser …

9 Rätsel für Kinder zwischen 3 und 5

31 Rätsel für Kinder zwischen 6 und 9

75 Rätsel für Kinder zwischen 10 und 12

111 Lösungen der Rätsel für Kinder zwischen 10 und 12

Liebe Leserin, lieber Leser ...

dieses Buch haben wir für Kinder geschrieben, die gern Rätsel raten. Wir beschreiben darin Blumen, Tiere, Comic- und Märchenfiguren, Fahrzeuge, Spiele, Sportarten, Räume, Berufe, Alltagsgegenstände und vieles andere mehr.
Über 300 solcher Rätsel gibt es in diesem Buch, und doch verraten wir die Namen all der Dinge und Gegenstände nicht, die wir beschreiben. Das sollen die Kinder tun und fragen: »Was ist das? Was ist da gemeint? Was könnte das sein?« Sie sollen die kleinen Hinweise, die wir in jedem Rätsel versteckt haben, erkennen, in Beziehung setzen und spielerisch kombinieren.

Alle Rätsel werden stufenweise gestellt – das ist das Besondere!

Manchmal fragen wir auch nach so genannten Teekesselchen. Das sind gleich lautende Wörter, die einen verschiedenen Sinn haben – wie zum Beispiel »Brause«, die als Limonade prickelt und als Vorrichtung zum Duschen nass macht.
Bei jedem Rätsel helfen wir mit Andeutungen, damit das Raten nicht zu schwer wird. Wenn wir zum Beispiel ein Thermometer beschreiben, verraten wir zunächst, dass unser Gegenstand etwas ganz Spezielles messen kann. Weil das aber alles und nichts bedeuten kann, schließen wir aus, dass es ein Zollstock und eine Stoppuhr ist. In einem nächsten Schritt verraten wir, dass unser Gegenstand am Wohnzimmerfenster oder an einer Gartenmauer hängt. Da aber auch das nicht jedem Kind etwas sagt, verraten wir weiter, dass unser Gegenstand eine rote und blaue Skala hat. Wem auch hier noch kein Licht aufgeht, dem mag der Schlusssatz unseres Rätsels helfen. Hier verraten wir, dass man unseren Gegenstand in den Mund stecken kann, wo er anzeigt, ob jemand Fieber hat oder nicht.
Nach diesem Prinzip, das von allgemeinen Andeutungen über eindeutige Hinweise ganz allmählich zur Lösung führt, ist

So wird das Raten noch spannender.

jedes Rätsel aufgebaut. Wer will, kann deshalb nach jedem Satz eine Pause einlegen und Punkte an den Rater verteilen. Liest man die Rätsel in der Gruppe vor, kann jeder, der die Lösung weiß, sie auf einen Zettel schreiben und an den Vorleser weiterreichen. Ist die Lösung falsch, scheidet der Rater aus. Ist sie richtig, bekommt er einen Punkt für jeden Satz, der bis zur Abgabe des Zettels vorgelesen wurde. Weiter geraten wird bis zum Schlusssatz jedes Rätsels. Es gewinnt der Rater mit den wenigsten Punkten.

Wir haben dieses Buch bewusst nach Altersstufen unterschieden und in drei Kapitel eingeteilt.

Jede Altersstufe findet hier die passenden Rätsel

1 Das erste Kapitel ist für Vorschulkinder gedacht, die selber noch nicht lesen können. Die gestellten Rätsel orientieren sich an der Welt der Drei- bis Fünfjährigen. Die Begriffe, die erraten werden sollen, sind den Kindern durch ihre Sprachwelt beziehungsweise durch Märchen- oder Bilderbücher bekannt. Die Sprache der Rätsel ist in diesem ersten Kapitel ebenso einfach wie verständlich.
Auch die Abbildungen können hier helfen. Wir haben nämlich auf vielen Seiten die Lösungswörter in einer Zeichnung vereint. So kann Ihr Kind die Zeichnung ansehen und merken: »Den Knopf habe ich schon geraten, die Giraffe und den Leuchtturm auch – dann muss es doch der Kamm sein!«

2 Das zweite Kapitel richtet sich an sechs- bis neunjährige Kinder, deren Wissenshorizont bereits durch die Grundschule erweitert worden ist (oder noch wird). Die Rätsel stammen aus dem Alltag, der durch Schule, Spiel und Freizeit bestimmt ist. Der Schwierigkeitsgrad reicht von einfach bis mittelschwer. Auch hier helfen die Abbildungen mitunter weiter. Natürlich nicht mehr so direkt wie bei den Kleinen. Aber immerhin finden sich Elemente, die auf die verschiedenen Lösungswörter hindeuten, in den Zeichnungen auf derselben Seite. Gut hinschauen und kombinieren lohnt sich!

3 Das dritte Kapitel ist für Kinder im Alter von zehn bis zwölf Jahren geschrieben. Der Schwierigkeitsgrad der Texte ist mittelschwer. Vereinzelt muss um die Ecke gedacht werden, um auf die Lösung eines Rätsels zu kommen. In diesem Kapitel fragen wir auch nach Begriffen aus der Geografie, nach bestimmten Feiertagen, Planeten, Musikinstrumenten oder auch abstrakten Begriffen wie *Ferien* oder *Name*. Kinder in diesem Alter brauchen natürlich keine optischen Hinweise mehr. Deshalb zeigen die Abbildungen in diesem Kapitel lediglich an, wo es sich um ein »Teekesselchen«, also ein Wort mit doppelter Bedeutung, handelt.

Und hier findet sich die Lösung ...

Im Kapitel für Vorschulkinder ist die Überschrift zugleich das Lösungswort. Kleinere Kinder können sich die Rätsel von ihren Eltern oder Geschwistern vorlesen lassen. Wenn Schulkinder trotz unserer Hilfen einmal ein Rätsel nicht lösen können, ist das kein Problem: Am Ende jedes Textes steht die gesuchte Lösung – allerdings um 180 Grad verdreht. Kinder ab 10 Jahren sollen es noch schwerer haben. Sie finden das Lösungswort am Ende des Buches.
Familien mit zwei oder drei Kindern finden in diesem Buch für jede Altersstufe spannende Rätsel – auf Reisen, bei Kinderfesten wie auch an langen Abenden. Wir wünschen beim Stilllesen und Vorlesen viel Spaß, Entdeckerfreude und Staunen!

Dagmar und René Zey

Rätsel für Kinder
zwischen 3 und 5

Du kannst zwar noch nicht lesen, aber du kennst schon ein gutes Stück von der Welt und weißt Bescheid. Sicher sind die meisten Rätsel für dich ein Kinderspiel! Wenn du beim Märchenerzählen gut zugehört hast und deine Bilderbücher genau kennst, hast du es noch leichter. Viel Spaß beim Raten!

Maus

Mein Tier ist klein und besitzt vier Beine.
Es ist grau und hat einen dünnen Schwanz.
Es kann schnell laufen und hat Angst vor Katzen.

Blume

Mein Gegenstand hat Wurzeln und kann wachsen.
Er benötigt Sonne und Wasser, aber es ist kein Baum.
Mein Gegenstand hat Blätter und eine Blüte, und du kannst ihn auf einer Wiese oder am Wegesrand pflücken.

Knopf

Mein Gegenstand ist rund und flach.
Er ist so groß wie eine Münze, aber er hat zwei oder vier Löcher in der Mitte.
Es gibt ihn an Hemden, Blusen und Hosen.
Wenn er abgeht, muss man ihn wieder annähen.

Leuchtturm

Mein Gebäude ist sehr hoch, und man muss viele Treppen steigen, um nach oben zu kommen.
Es ist keine Kirche und auch kein Hochhaus.
An der Spitze meines Gebäudes leuchtet nachts ein helles großes Licht.

Kamm

Mein Gegenstand besitzt viele Zähne,
aber er kann nicht beißen.
Manchmal hat er einen Stiel, manchmal
auch einen Griff.
Ein Metzger braucht meinen Gegenstand
nicht, aber jeder Frisör hat ihn.

Dauerlutscher

Meinen Gegenstand muss man lutschen,
aber es ist kein Eis.
Er ist größer als ein Bonbon und sehr süß.
Er klebt auch, wenn du ihn in den Mund
steckst, aber zum Glück hat er einen Stiel,
mit dem du ihn festhalten kannst.

Maulwurf

Mein Tier lebt unter der Erde und gräbt
dort lange Gänge.
Manchmal bringt es die Erde ans
Tageslicht und hinterlässt auf Wiesen
kleine Hügel.
Weil mein Tier fast immer in der
Dunkelheit lebt, ist es in der Sonne blind.

Pinocchio

Meine Märchenfigur ist ein Junge,
der sehr zappelig ist und nicht still sitzen
kann.
Er trägt Schuhe aus Baumrinde und einen
Hut aus geknetetem Brot.
Er ist aus Holz, und der Tischlermeister
Gepetto hat ihm eine lange Nase
geschnitzt.

Sonne

Meinen Gegenstand kannst du nur am
Tag sehen, aber nie in der Nacht.
Manchmal verschwindet er auch hinter einer
Wolke.
Im Sommer ist mein Gegenstand
glühend heiß.
Im Winter ist er manchmal feuerrot.

Hammer

Meinen Gegenstand findest du in jeder
Werkzeugkiste.
Er hat einen Griff aus Holz, aber es ist
kein Schraubenzieher.
Am Ende des Griffs hängt ein
schwerer Eisenklotz.
Mit meinem Gegenstand kannst du
einen Nagel in die Wand klopfen.

Trompete

Mein Gegenstand ist ein Musikinstrument.
Es ist nicht aus Holz, sondern aus Metall.
Am Ende hat er einen Trichter, der aussieht
wie die Sirene bei einem Feuerwehrauto.
Wenn du hineinpustest, bekommst du
ganz dicke Backen, und es macht »Tröööt«.

Kuh

Mein Tier lebt auf dem Bauernhof.
Es hat vier Beine und ist größer als du,
wenn es steht.
Das Fell meines Tieres ist braun oder
schwarzweiß.
Zwischen den Hinterbeinen hat es Euter.
Wenn man mein Tier melkt, gibt es
Milch ab.

Weihnachten

Wenn mein Fest stattfindet, bringen die Gäste oft Figuren aus Schokolade mit, aber es sind keine Osterhasen.
Manchmal bekommst du auch Lebkuchen geschenkt.
Im Wohnzimmer steht an meinem Fest ein Baum.
Daran hängen Kugeln und es brennen Lichter.

Teddybär

Meine Figur kannst du abends mit ins Bett nehmen.
Sie hat zwei Ohren und ein Kuschelfell.
Sie hat zwei große Augen, aber es ist kein Hund.
Ihr Körper ist mit Stroh gefüllt, und wenn du auf den Bauch drückst, brummt meine Figur.

Rauch

Das, was du erraten sollst, kannst du an einer Zigarette sehen, aber es ist keine Glut.
Du kannst es auch an einem Auspuff sehen oder an einem Schornstein.
Wenn du es in die Augen bekommst, brennt es.

Hampelmann

Meine Figur kannst du an die Wand hängen.
Sie hat einen Kopf und auch Arme und Beine.
Unter ihrem Bauch hängt eine Schnur.
Wenn du daran ziehst, bewegt sich meine Figur.

Stuhl

Mein Gegenstand hat vier Beine, aber es ist kein Tier.
Er hat eine Lehne, aber er ist kein Sofa.
Er kann nicht laufen, aber du kannst dich darauf setzen.

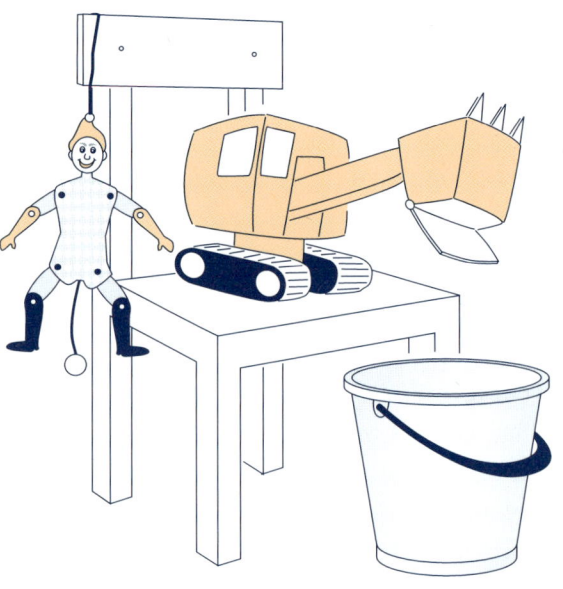

Bagger

Mein Fahrzeug gibt es als Spielzeug, aber auch in Wirklichkeit.
Es hat ein Maul aus Eisen mit vielen Zähnen.
Es kann sein Maul öffnen und schließen.
Es frisst am liebsten Lehm, Erde und Steine.

Eimer

Mit meinem Gegenstand kannst du etwas tragen, aber es ist kein Koffer.
Er hat einen Henkel, aber es ist keine Handtasche.
Wenn du meinen Gegenstand bis oben hin mit Wasser füllst, kannst du ihn kaum heben.
Im Sandkasten kannst du meinen Gegenstand gut gebrauchen.

Trommel

Mein Musikinstrument ist rund und von innen hohl.
Es kann viel Lärm machen.
Um Töne zu erzeugen, musst du mit zwei kleinen Stöcken darauf schlagen.

Löwe

Mein Tier lebt in Afrika, aber du kannst es auch im Zoo sehen.
Ein hohes Gitter schützt dich vor meinem Tier, denn es frisst gerne Fleisch.
Mein Tier sieht ähnlich aus wie eine Katze, aber es ist viel größer und wilder.
Männchen haben eine dichte Mähne.

Schere

Meinen Gegenstand brauchst du, wenn du mit Stoff, Pappe oder Papier bastelst, aber es ist kein Klebstoff.
Mein Gegenstand hat zwei kleine Griffe und ist vorn spitz.
Du kannst damit schneiden, aber es ist kein Messer.

Roller

Mein Gegenstand ist ein Fahrzeug.
Es hat ein Lenkrad und zwei Räder, aber keinen Sitz.
Du musst auch nicht trampeln, wenn du mein Fahrzeug benutzt.
Um vorwärts zu kommen, musst du dich mit einem Bein abstoßen.

Pirat

Meine Figur ist ein Mensch, der auf einem Schiff die Meere umsegelt, aber es ist kein Kapitän. Heute gibt es ihn nicht mehr, aber vor langer Zeit war er ein gefürchteter Räuber.
Er trug fast immer eine Augenklappe, und manchmal hatte er auch ein Holzbein.

Ei

Mein Gegenstand hat eine dünne weiße oder braune Schale.
Wenn du ihn fallen lässt, kommt eine schleimige, durchsichtige Flüssigkeit und etwas Gelbes daraus.
Meinen Gegenstand findest du im Hühnerstall, aber auch Vögel können ihn in ihr Nest legen.

Badewanne

In meinen Behälter passt viel Wasser, aber es ist kein Eimer.
Wenn mein Behälter voll ist, kann man Schiffe oder Quietschtiere darin schwimmen lassen.
Mein Gegenstand ist so groß, dass du dich in ihn hineinsetzen und darin planschen kannst.
Mein Gegenstand ist aber kein Schwimmbecken, denn es steht im Badezimmer.

Raupe

Mein Tier krabbelt auf Blumen und Bäumen herum und frisst dort Blätter.
Wenn es dick genug ist, baut es sich ein Haus und bleibt ein paar Tage darin.
Dann krabbelt es heraus und fliegt als Schmetterling fort.

Clown

Meine Figur tritt im Zirkus auf.
Sie läuft auf Händen oder macht Musik.
Manchmal stolpert sie auch über ihre
Füße und fällt auf die rote Nase.
Fast immer trägt meine Figur ein langes,
gestreiftes Hemd.
Wenn du sie siehst, musst du oft über sie
lachen.

Sandmännchen

Meine Figur ist ein kleines Männchen,
das Kindern immer nur am Abend
erscheint.
Es trägt einen Sack mit sich, der mit
Sand gefüllt ist.
Diesen Sand streut meine Figur Kindern
in die Augen, damit sie gut schlafen
können.

Möhre

Mein Gemüse wächst in der Erde,
aber es ist keine Kartoffel.
Es ist lang und dünn, aber es ist kein
Spargel.
Man kann es roh oder gekocht essen.
Auch Hasen knabbern gern mein Gemüse.

Ratte

Mein Tier ist braun und hat einen
langen Schwanz, aber es ist keine Maus.
Am liebsten knabbert es mit seinen
Nagezähnen an Käse und Schinken.
Um mein Tier zu fangen, stellt man
Fallen auf.

Bett

Mein Gegenstand steht in jeder Wohnung.
Erwachsene haben ihn und auch Kinder.
Es gibt meinen Gegenstand mit einem Rahmen aus Eisen oder Holz.
Du kannst darauf sitzen, aber meistens liegst du darauf und schläfst.

Wolke

Das, was du erraten sollst, sieht aus wie Watte, aber du kannst es nicht in die Hand nehmen.
In Wirklichkeit besteht es aus vielen kleinen Wassertröpfchen.
Es bewegt sich, wenn es windig ist.
Um meinen Gegenstand sehen zu können, musst du zum Himmel schauen.

Affe

Mein Tier kannst du im Zoo sehen.
Es hat ein Fell, zwei Beine und zwei Arme.
Es kann klettern, springen und turnen, und oft zieht es lustige Grimassen.
Sehr gern isst mein Tier Bananen.

Koffer

Mein Gegenstand hat viele Farben.
Er kann klein und groß sein.
Meistens besteht er aus Leder oder Kunststoff.
Du kannst meinen Gegenstand aufklappen und etwas hineinlegen.
Er hat einen Griff, und manchmal kannst du ihn auch abschließen.
Du brauchst meinen Gegenstand, wenn du eine Reise machst.

Kuchen

Meinen Gegenstand kannst du essen.
Er ist süß und besteht aus Zucker,
Butter, Mehl, Eiern und Milch.
Manchmal sind auch Früchte darin.
Wenn Besuch kommt oder jemand
Geburtstag hat, steht mein Gegenstand
auf dem Tisch und wird in viele Stücke
geschnitten.

Uhr

Mein Gegenstand muss immer gehen
und darf niemals stehen.
Er darf sich nicht zu schnell drehen
und auch nicht zu langsam.
Mein Gegenstand hängt an der Wand
oder man trägt ihn am Arm.
Wenn du dein Ohr daran hältst,
tickt er.

Feuerwehrauto

Mein Auto ist rot und hat eine
Drehleiter.
Die Männer, die mit diesem Auto
fahren, tragen Helme und Uniformen.
Wenn es brennt, holen sie lange
Schläuche aus ihrem Auto.

Schwein

Mein Tier lebt auf dem Bauernhof.
Wenn es mit seiner Nase nicht in der
Erde wühlt, wälzt es sich im Dreck.
Es kann quieken und grunzen.

Schiff

Mein Fahrzeug ist groß und schwer.
Es kann fahren, aber es hat keine Reifen.
An seinem Steuer steht ein Kapitän.
Mein Fahrzeug kann schwimmen, aber es darf kein Leck haben, sonst geht es unter.

Luft

Du kannst das, was du erraten sollst, nicht sehen, aber fühlen.
Es ist immer um dich herum, wo du auch bist.
Wenn der Wind weht, kannst du es spüren.
Ohne es kannst du nicht leben.

Dornröschen

In meinem Märchen wird ein Fest gefeiert, aber es gibt dort nur zwölf goldene Teller.
Ein Mädchen sticht sich in diesem Märchen an einer Spindel und fällt in einen Schlaf, der 100 Jahre dauert.

Zahn

Mein Gegenstand gehört zu deinem Körper.
Damit du ihn sehen kannst, muss er erst wachsen, aber es ist kein Fingernagel.
Wenn du noch klein bist, fällt er sogar irgendwann aus, aber schon bald wächst er wieder nach.
Du solltest meinen Gegenstand gut putzen, aber nicht mit einem Tuch, sondern mit einer kleinen Bürste.

Schnee

Es kann durch die Luft fliegen und in dein Gesicht wehen, aber es ist kein Herbstblatt.
Es kann auf der Erde oder auf einem Baum liegen bleiben, aber es ist kein Regentropfen.
Wenn du es in die Hand nimmst, schmilzt es.

Regenbogen

Das, was du erraten sollst, ist kunterbunt.
Wenn es geregnet hat und die Sonne sich wieder am Himmel zeigt, kannst du es sehen.
Dann sieht es aus wie eine Brücke, aber du kannst es immer nur ansehen und niemals darüber gehen.

Elefant

Mein Tier ist größer als ein Pferd.
Es ist dick und grau.
Oft kannst du es im Zoo sehen.
Mit seinem langen Rüssel kann es dich nass spritzen.

Pilz

Ich wachse im Wald.
Ich bin klein und habe einen Hut.
Viele Menschen sammeln mich in einem Korb.
Aber Vorsicht: Manche von meiner Art können giftig sein!

Traktor

Mein Fahrzeug fährt nur selten auf einer Straße.
Hinten hat es zwei große Räder und vorne zwei kleine.
Es hat ein Lenkrad, aber meist nur einen Sitz.
Bauern fahren damit über ihre Felder.

Tamburin

Mein Musikinstrument ist so groß und rund wie ein Teller.
Es hat einen Reifen aus Holz, über den ein Fell gespannt ist.
An den Seiten hat es viele kleine Schellen aus Eisen.
Es ist keine Trommel, aber es macht Geräusche wie ein kleines Schlagzeug.

Eiszapfen

Mein Gegenstand besteht aus Wasser.
Er ist lang und spitz und durchsichtig.
Und er ist immer kalt.
Du kannst ihn im Winter von Dachrinnen abbrechen.
Wenn du ihn fallen lässt, zerbricht er wie Glas.
Was er fürchtet, sind Sonne und Wärme.

Hand

Wenn du mit deiner Mutter oder deinem Vater über die Straße gehst, kannst du meinen Gegenstand anfassen.
Du kannst damit patschen und matschen oder auch schreiben und malen.
Jeder Mensch hat zwei davon.
Tiere besitzen es auch, aber dann nennt man es Tatze oder Pfote.

Kasper

Meine Puppe hat eine rote Zipfelmütze auf.
Es ist ein lustiger Mann, der oft mit einer Pritsche böse Leute verhaut.
Manchmal holt er auch aus dem Hexenhaus die arme Gretel raus.

Blut

Meine Flüssigkeit gibt es nicht in Dosen und auch nicht in Flaschen zu kaufen.
Du kannst sie auch nicht trinken, obwohl das in Gruselgeschichten Vampire manchmal tun.
Du kannst meine Flüssigkeit nur dann sehen, wenn du dich verletzt hast.

Katze

Mein Tier schleicht auf weichen Pfoten.
Du kannst mit ihm schmusen und herumtollen.
Es kuschelt sich gern in weiche Kissen und schläft am liebsten eingerollt.
Aber Vorsicht: Es hat scharfe Krallen.

Mond

Meinen Gegenstand sieht man nur, wenn es dunkel ist.
Jeden Abend sieht er anders aus.
Mal ist er rund, mal krumm wie eine Banane.
Dann wieder sieht er aus wie ein durchgeschnittener Apfel.
Um meinen Gegenstand sehen zu können, musst du zum Himmel schauen.

Banane

Meine Frucht wächst an Bäumen.
Sie hat eine Schale, aber es ist keine Apfelsine.
Meine Frucht ist nicht rund und hat auch keine Kerne im Inneren.
Sie ist lang und gelb – und sie ist krumm.

Fahrrad

Mein Gegenstand ist ein Fahrzeug.
Es hat zwei Räder und einen Lenker, aber es ist kein Roller.
Du kannst darauf sitzen und musst oft fest trampeln, um vorwärts zu kommen.

Bär

Mein Tier hat ein dickes Fell.
Es läuft auf vier Beinen, aber es kann sich auch hinstellen.
Schmusen kannst du nicht mit meinem Tier, dafür ist es zu gefährlich.
Es hat spitze Zähne und scharfe Krallen.
Im Zoo lebt es deshalb hinter Gittern.

Rapunzel

Meine Märchenfigur ist eine Frau mit langen blonden Haaren.
Sie lebt in keinem Haus, sondern in einem Turm, der keine Treppe hat und auch keine Tür.
Wenn die Figur ihr Haar herunterlässt, können Menschen daran zu ihr hinaufsteigen.

Buch

Mein Gegenstand besteht aus Papier. Du kannst darin blättern und dir Bilder anschauen, aber es ist keine Zeitung.
Mein Gegenstand steht meistens im Regal und hat einen harten Deckel, den man Einband nennt.

Zange

Mein Gegenstand ist ein Werkzeug. Es sieht aus wie eine Schere, aber du kannst nicht damit schneiden.
Die Spitze meines Werkzeugs sieht aus wie ein Schnabel.
Wenn du damit etwas greifst, kannst du einen Nagel aus der Wand ziehen oder etwas umbiegen.

Frosch

Mein Tier lebt im Wasser, es kann aber auch an Land gehen.
Es ist keine Ente, denn mit seinen Hinterbeinen kann es hoch und weit hüpfen.
Du findest es an Teichen oder Seen. Dort hörst du es manchmal quaken.

Schwimmreifen

Meinen Gegenstand kannst du aufblasen oder aufpumpen.
Er besteht aus Plastik, aber es ist keine Luftmatratze.
Du kannst dich darauf legen, aber eigentlich gehört mein Gegenstand um deinen Bauch.
Wenn du damit schwimmst, kannst du nicht untergehen.

Blatt

Mein Gegenstand ist rund oder spitz.
Wenn du genau hinsiehst, kannst du kleine Adern darauf sehen.
Am Rand hat mein Gegenstand manchmal kleine Zacken.
Du findest ihn an Blumen und Bäumen.
Im Frühling und Sommer ist mein Gegenstand grün, im Herbst wird er gelb, rot oder braun.

Gießkanne

In meinen Gegenstand kannst du Wasser füllen.
Er hat einen Griff, aber es ist kein Eimer.
Zu Hause steht er auf der Fensterbank neben den Blumen, aber oft benutzt man ihn auch im Garten.
Du kannst mit meinem Gegenstand auch Sand nass machen.

Flugzeug

Mein Gegenstand befördert Menschen von einem Ort zum anderen.
Er hat viele Sitzplätze, aber es ist kein Bus.
Er hat auch Fenster, aber es ist keine Eisenbahn.
Du kannst damit abheben, durch die Luft fliegen und später wieder landen.

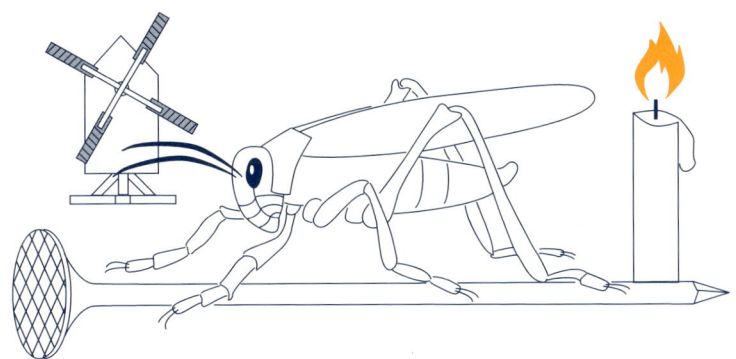

Mühle

Mein Gebäude sieht aus wie ein Haus.
Es hat eine Tür und auch Fenster, aber in Wirklichkeit ist es eine große Maschine.
Im Inneren hat es große Räder, die Körner zermahlen.
Wenn es windig ist, dreht sich der Flügel an der Außenmauer meines Gebäudes.

Heuschrecke

Mein Tier ist ganz klein und lebt versteckt im Gras.
Wenn du dich ihm näherst, ist es still.
Aber wenn du weit genug von ihm weg bist, beginnt es zu sirren und zu surren.
Sein Zirpen hörst du vor allem im Sommer.

Kerze

Mein Gegenstand kann Licht erzeugen, aber es braucht keinen Strom und keine Batterie dafür.
Es ist kein Streichholz und kein Feuerzeug, aber mit beiden kannst du meinen Gegenstand anzünden.
Mein Gegenstand brennt in Kirchen, an Tannenbäumen und auf Geburtstagstorten.

Nagel

Mein Gegenstand ist klein und dünn.
Er besteht aus Eisen und ist vorn sehr spitz, aber es ist kein Kugelschreiber.
Du brauchst meinen Gegenstand, wenn du ein Bild aufhängen willst.

Fisch

Mein Tier hat keine Arme, keine Beine und keine Ohren.
Es hat aber Augen und einen Mund.
Es hat keine Haare, aber Schuppen.
Es lebt im Wasser und kann schwimmen.

Luftballon

Mein Gegenstand ist aus Gummi und kann viele Farben haben.
Wenn du ihn kaufst, ist er klein und schlapp.
Aber wenn du ihn aufpustest, wird er schnell größer.
Um damit spielen zu können, musst du einen Knoten hineinmachen.
Wenn mein Gegenstand auf einen spitzen Gegenstand fällt, zerplatzt er.

Hexe

Meine Figur ist alt, hässlich und böse.
Auf ihrer Nase hat meine Figur manchmal eine Warze.
In ihrem Haus hat sie Hänsel und Gretel eingesperrt.

Hase

Mein Tier ist klein und hat einen Stummelschwanz, aber es ist kein Schwein.
Es hat vier Beine, große Ohren und ein weiches Fell.
Es isst gerne Möhren, Salat und Kohl.

Gartenzwerg

Meine Figur trägt eine rote Zipfelmütze, aber es ist nicht das Sandmännchen.
Oft hat meine Figur einen langen weißen Bart.
Meine Figur hat manchmal eine Harke oder eine Schaufel in der Hand.
Du kannst sie in vielen Gärten stehen sehen.

Tisch

Mein Gegenstand hat vier Beine und kann trotzdem nicht gehen.
Er muss Schüsseln und Teller mit Speisen tragen, bekommt aber selber nie etwas zu essen.
Mein Gegenstand ist groß und steht in jedem Haus.

Giraffe

Mein Tier lebt in Afrika.
Es hat so lange Beine, dass es sich nicht auf deinen Schoß setzen könnte.
Der Hals meines Tieres ist so lang, dass es Blätter von den Bäumen fressen kann.

Schokolade

Wenn du meinen Gegenstand auspackst, ist er braun und manchmal sogar weiß.
Er schmeckt süß und besteht aus viel Kakao.
In der Sonne schmilzt er, aber er ist kein Eis.
Osterhasen und Weihnachtsmänner werden daraus gemacht – und die Hülle von Überraschungseiern.

Schuh

Meinen Gegenstand kannst du anziehen,
aber du musst dich dafür bücken.
Wenn er schmutzig ist, wird er nicht gewaschen,
sondern geputzt.
Wenn er mal kaputt geht, kann ihn ein Schuster
wieder ganz machen.
Damit du ihn nicht verlierst, musst du ihn immer
gut zubinden.

Löffel

Mein Gegenstand liegt in der Küchenschublade.
Es ist keine Gabel und du kannst damit auch nicht schneiden.
Wenn du krank bist, gibt der Arzt ein paar Tropfen Medizin darauf.
Wenn du gesund bist, kannst du deine Suppe damit essen.

Rätsel für Kinder
zwischen 6 und 9

Du gehst zur Schule und kannst lesen – deshalb darf man dir natürlich die Lösung des Rätsels nicht mehr so einfach machen. Wir haben sie auf den Kopf gestellt, und sie steht am Ende eines jeden Rätsels. Wenn dir die Lösung einmal nicht gleich einfallen will: Denk auch an das, was du in Schule, Spiel und Freizeit erfahren hast.
Das lohnt sich!

Wenn du meinen Gegenstand benutzt, solltest du schwindelfrei sein.
Wenn mein Gegenstand aus Holz oder Metall ist, kannst du ihn ausfahren oder aufklappen.
Wenn er aus Stricken besteht, kannst du ihn auch herunterlassen.
Schornsteinfeger benutzen ihn, aber auch Bauarbeiter und Feuerwehrmänner.

Leiter

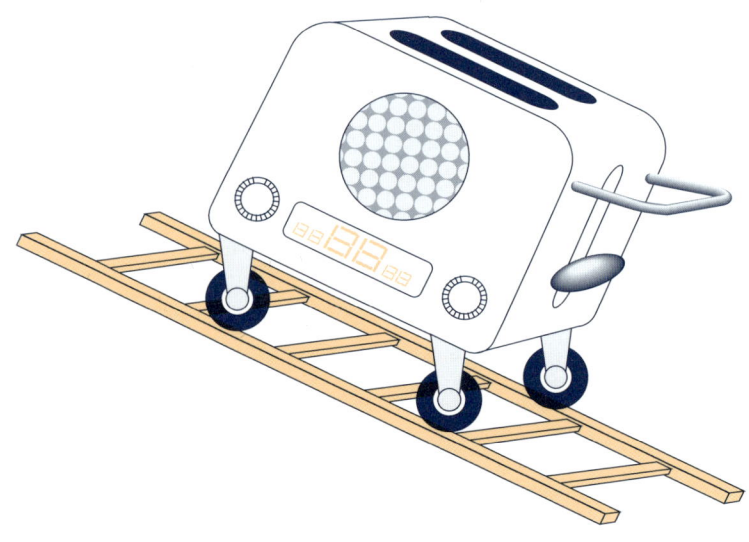

Radio

Meinen Gegenstand musst du einschalten.
Du kannst ihn laut oder leise drehen, aber es ist kein Fernseher.
Ohne Strom oder Batterien läuft er nicht.
Er bewegt sich auch nicht, sondern steht nur herum.
Mein Gegenstand hat eine Antenne, aber es ist kein Handy.
Er selbst kann nicht sprechen, aber durch ihn kannst du andere sprechen und singen hören.

Toaster

Mein Gegenstand ist ein Gerät, das in der Küche steht.
Es hat einen oder zwei Schlitze.
Du kannst damit nicht kochen und auch nicht braten, aber wenn du es benutzt, beginnen die Drähte, die sich darin befinden, zu glühen.
Wenn das, was du in mein Gerät hineinsteckst, fertig ist, springt es heraus.

Einkaufswagen

Das, was du erraten sollst, ist eine Art Fahrzeug.
Es hat keinen Lenker und auch keinen Motor.
Statt Reifen besitzt es vier Rollen, und du musst es schieben, damit es sich fortbewegt.
Du kannst dich in mein Fahrzeug hineinsetzen, aber eigentlich ist es für etwas anderes gebaut.
Es parkt vor Supermärkten, und man muss eine Euromünze in einen Schlitz stecken, um es loszuketten.

Meine Märchenfigur ist ein kleines Männchen, das einer Müllerstochter in drei Nächten bei einer schier unlösbaren Aufgabe hilft.
Es erhält dafür ein Halsband und einen Ring und will am Ende auch ihr Kind, es sei denn, sie errät den Namen des Männchens.
Als die Müllerstochter diese Aufgabe tatsächlich löst, stößt meine Märchenfigur seinen rechten Fuß in die Erde, nimmt anschließend seinen linken Fuß und reißt sich selbst mitten entzwei.

Rumpel-stilzchen

Mein Gegenstand ist so groß, dass du darin wohnen kannst. Er hat Wände, einen Boden und eine Decke, aber all das ist nicht aus Stein, sondern aus Blech oder Kunststoff.
Mein Gegenstand ist eine Art Anhänger und kann nur fahren, wenn ein Auto ihn zieht.
Meistens steht er jedoch auf einem Campingplatz.

Wohnwagen

Mein Gegenstand hat eine Platte, die sehr heiß wird, aber es ist kein Herd.
Man kann mit meinem Gegenstand nichts braten und nichts kochen, sondern ihn nur hin und her bewegen.
An der Spitze meines Gegenstandes befindet sich manchmal eine Düse, aus der Wasserdampf austritt.
Dein Hemd und dein T-Shirt hat mein Gegenstand mit Sicherheit schon einmal berührt.

Bügeleisen

Flasche
Mein Gegenstand besteht aus Glas oder Kunststoff.
Er ist hohl und kann schwimmen, wenn er leer ist.
Du kannst ihn zudrehen oder mit einem Korken verschließen.
Den Inhalt meines Gegenstandes kannst du trinken.

Spaghetti
Mein Lebensmittel ist lang, dünn und hart.
Es wird erst weich, wenn man es kocht.
Dann kann man es biegen und rollen.
Mein Lebensmittel hat einen italienischen Namen und wird auf einem Teller serviert.
Man isst es mit einer Gabel und kann auch einen Löffel zu Hilfe nehmen.
Am besten schmeckt es mit einer Sauce.
Manche Menschen streuen auch zerriebenen Käse darüber.

Wurm
Mein Lebewesen ist lang und dünn.
Es hat keine Füße und kann sich trotzdem bewegen, aber es ist keine Schlange.
Es hat keine Knochen und ist sehr weich.
Wenn es geregnet hat, kommt mein Lebewesen aus der Erde.
Manchmal kriecht es auch aus einem Apfel oder einer Kirsche heraus.

Meinen Gegenstand gibt es in jedem Schulmäppchen.
Du kannst damit schreiben, aber es ist kein Filzstift.
Du kannst meinen Gegenstand nicht anspitzen, und er wird beim Schreiben auch nicht kürzer.
Meinen Gegenstand musst du irgendwann nachfüllen, aber es ist kein Füllfederhalter.

Kugelschreiber Mein Gegenstand schreibt so lange, bis seine Mine leer ist.

Mein Spiel dient der Unterhaltung.
Man findet es in Zeitungen und Zeitschriften, wo es Erwachsenen oft viel Kopfzerbrechen bereitet.
Man benötigt für mein Spiel einen Bleistift oder einen Kugelschreiber, denn man muss Wörter senkrecht oder

Kreuzworträtsel waagerecht in Felder schreiben.

Meine Pflanze fühlt sich am wohlsten, wenn es heiß ist und die Sonne scheint. Kälte und Schnee mag sie nicht.
Du brauchst meine Pflanze nur selten zu gießen, denn sie kann Wasser speichern.
In der Wüste hat sie vielen Menschen das Leben gerettet.
Wenn du meine Pflanze anfassen möchtest, solltest du

Kaktus Handschuhe tragen, denn sie hat viele Stacheln.

Mein Kleidungsstück wird aus Seide oder Wolle hergestellt.
Es ist recht lang, aber es ist auch sehr schmal.
Im Sommer wird es nicht benutzt, aber im Winter.
Wenn es windig ist, flattert mein Kleidungsstück hinter dir her.
Fußballfans lassen es manchmal aus dem Fenster von Autos wehen.
Man kann mein Kleidungsstück um den Kopf wickeln, wenn man keine Mütze hat, aber eigentlich soll es den Hals warm halten.

Schal

Das, was du erraten sollst, kannst du kneten und drücken und mit den Händen zu Kugeln formen, aber es ist kein Teig und auch kein Knetgummi.
Du findest es auf Zäunen und Dächern und auf Bäumen.
Du kannst darüber laufen und es festtrampeln.
Wenn es auf Straßen liegt, wird es meist schnell weggeräumt.
Wenn lange die Sonne darauf scheint, verschwindet es von allein.

Schnee

Meinen Gegenstand kann man nicht essen, und doch befindet er sich im Mund.
Es ist kein Zahn, und dennoch brauchst du deine Zähne für ihn.
Wenn du ihn kaufst, ist mein Gegenstand hart.
Wenn er weich ist, kannst du damit Blasen machen, aber es ist kein Luftballon.
In Notfällen kannst du damit auch etwas festkleben.

Kaugummi

Meine Figur stammt aus einer Zeichentrickfilmserie.
Vor einigen Jahren hat sie aber auch in einem Kinofilm mitgespielt – zusammen mit dem Basketballspieler Michael Jordan.
Meine Figur ist ständig auf der Suche nach Karotten, die es im Maschinengewehrtempo frisst.
Oft hat sie Auseinandersetzungen mit einer anderen Zeichentrickfigur: mit dem kleinen glatzköpfigen Elmer Fudd.

Bugs Bunny

Mein Gegenstand muss sein Leben lang nichts tun und liegt nur herum.
Wenn du mit der Hand über seine Oberfläche streichst, ist er nie glatt, sondern immer rau, damit Schmutz daran haften bleibt.
Mein Gegenstand liegt meist dort, wo es Stufen oder Treppen gibt.

Fußmatte Er hat oft Borsten, und man findet ihn vor jeder Tür.

Mein Nahrungsmittel stammt von einem Tier.
Es ist zerbrechlich und muss deshalb sorgfältig transportiert und aufbewahrt werden.
Man kann es braten oder kochen.
Wenn man es kurz kochen lässt, wird es weich, wenn man es lange kochen lässt, wird es hart.

Ei Es hat eine Schale, die vor allem zu Ostern bemalt wird.

Das, was du erraten sollst, ist ein Teekesselchen.
Es ist eine Hülsenfrucht mit flachem Samen.
Aber es kann auch etwas abbilden und befindet sich

Linse in Fotoapparaten und Kameras.

Mein Gegenstand wird aus Glas oder Porzellan gefertigt.
Er kann schlank sein oder rund und bauchig.
In der Wohnung steht er meist auf der Fensterbank
oder auf dem Tisch, aber es ist kein Blumentopf.
Mein Gegenstand ist hohl.
Wenn man ihn benutzt, wird er mit Wasser gefüllt,
aber es ist kein Eimer.
Ohne Wasser würden die Blumen, die darin stehen,
vertrocknen.

Blumenvase

Meine Blume wächst auf jeder Wiese.
Hasen und Kaninchen fressen ihre grünen Blätter gern.
Wenn du meine Blume pflückst, tritt ein milchiger Saft
aus dem Stängel.
Wenn sie blüht, hat sie viele gelbe Blüten, die wie kleine
Sonnen aussehen.
Im Spätsommer trägt meine Blume Früchte aus Hunderten
weißer Borsten.
Wenn du sie anpustest, fliegen sie durch die Luft.

Löwenzahn

Meine Figur ist nur 2,2 cm groß.
Sie gibt es in den Farben Rot, Rosa, Orange, Gelb, Grün und
Weiß, aber nicht in Blau.
Meine Figur besteht hauptsächlich aus Zucker und Gelatine,
und du kannst sie in jeder Süßwarenabteilung finden.
Die Aufgabe meiner Figur besteht darin, Kinder froh zu
machen und Erwachsene ebenso.

Gummibärchen

Klavier

Mein Musikinstrument ist so groß, dass es ein Mensch allein nicht tragen kann, aber es ist keine Orgel.
Wer mein Instrument spielt, setzt sich dabei auf einen Stuhl oder Hocker.
Im Inneren meines Instruments befinden sich fast 100 Saiten, die mit kleinen Hämmerchen angeschlagen werden.
Diese Hämmerchen werden durch die weißen oder schwarzen Tasten meines Instruments bewegt.

Silvester

Mein Fest wird gefeiert, wenn etwas Bestimmtes zu Ende geht und etwas Neues beginnt.
Es ist ein Fest, bei dem du manchmal lange aufbleiben darfst oder bei dem du kurz vor Mitternacht geweckt wirst.
Die Menschen prosten sich bei diesem Fest mit Sekt und Champagner zu und zünden Böller und Raketen an.

Käse

Mein Lebensmittel ist hart oder weich.
Man kann es schneiden oder aufs Brot streichen.
Seine Farbe ist weiß oder gelb.
Mein Lebensmittel wird aus der Milch von Kühen, Schafen und Ziegen gewonnen.
Es hat viele Namen.
Am bekanntesten ist der Camembert.

Dagobert Duck

Meine Comicfigur trägt einen Zwicker, einen Zylinder und einen roten Mantel.
Sie besitzt Trillionen von Talern, und doch ist sie sehr geizig.
Eine Bande maskierter, schlecht rasierter Einbrecher versucht immer wieder, dieses Geld zu stehlen.
Oft und gern badet meine Figur in ihrem riesigen Geldspeicher.

Das, was du erraten sollst, ist ein Teekesselchen.
Es wächst an Bäumen, aber es ist kein Blatt.
Wenn es reif ist, kannst du es abpflücken
und hineinbeißen.
Es hängt aber auch an der Zimmerdecke und
wird in eine Fassung geschraubt.
Es kann matt oder klar sein und wird heiß,

Birne   wenn es brennt.

Mein Spielzeug besteht aus vielen bunten Einzelteilen.
Kleine Kinder können damit bauen, aber auch große.
Du findest es auf der ganzen Welt in Spielwarenläden, und
immer ist es aus Kunststoff.
Wenn du die Einzelteile zusammensteckst, halten sie gut, weil
Legostein   sie durch kleine Noppen miteinander verbunden sind.

Mein Gegenstand ist aus Holz, aber du kannst ihn nicht in
einem Baumarkt kaufen.
Der Tischler, der ihn herstellt, will ihn nicht.
Derjenige, der ihn kauft, braucht ihn nicht für sich.
Sarg   Und derjenige, der darin liegt, weiß es nicht.

Mein Gewürz wird aus Körnern gewonnen, die zu einer
Paste verarbeitet werden.
Du kannst es in Gläsern oder in Tuben kaufen.
Mein Gewürz ist gelb oder braun und kann mild oder
scharf sein.
Viele Leute benutzen es, wenn sie grillen.
Senf   Besonders gut schmeckt es auf einer Bratwurst.

Kaffee

Mein Getränk wird nicht in Flaschen verkauft und auch nicht in Dosen.
Mit kaltem Wasser kann man es nicht zubereiten.
Weil es heiß am besten schmeckt, trinkt man es aus Tassen und Bechern.
Viele Menschen halten es in Thermoskannen warm.
Erwachsene schütten oft Milch und Zucker in mein Getränk.

Regenbogen

Das, was du erraten sollst, existiert immer nur für ganz kurze Zeit.
Es sieht aus wie eine Brücke, aber du kannst nicht über sie gehen und sie auch nicht anfassen.
Es hat bunte Streifen und kommt und geht, wenn die Sonne nach einem Regenschauer durch die Wolken scheint.

Gartenzwerg

Mein Gegenstand ist eine berühmte Figur, die es seit über 200 Jahren zu kaufen gibt.
Sie ist zwischen 10 und 60 Zentimetern groß und wird aus Stein, Porzellan oder Kunststoff hergestellt.
Immer ist sie bunt bemalt, und meistens wirkt sie kitschig, was vor allem an dem Bart liegt, den meine Figur trägt, und an der roten Zipfelmütze.
Wenn du spazieren gehst, kannst du sie in manchem Garten stehen sehen.

Mein Tier lebte vor langer Zeit auf der Erde.
Es legte Eier, um sich fortzupflanzen.
Manche dieser Tiere hatten einen langen Schwanz, mit dem sie ihre Feinde abwehren konnten.
Andere hatten auch gefährliche Krallen, mit denen sie ihre Beute töteten.
Forscher haben bis zu 40 Meter lange Skelette dieser Tiere gefunden.
Sie kannst du in Naturkundemuseen vieler Städte bestaunen.

Dinosaurier

Durch meinen Gegenstand musst du durchschauen,
aber es ist kein Fenster.
Die Menschen, die du durch meinen Gegenstand siehst, lächeln dir meistens zu.
Mein Gegenstand hat einen kleinen Knopf, den du drücken musst.
Wenn es zu dunkel ist, brauchst du einen Blitz.

Fotoapparat

Das, was du erraten sollst, brennt, wenn du es ins Feuer gibst,
aber es ist kein Stroh und auch kein Benzin.
Es kann nicht lesen, aber ohne es gäbe es keine Zeitungen und auch keine Bücher.
Es kann auch nicht schreiben, und doch bestehen Briefe und Postkarten daraus.
Es wiegt nur wenig, wenn man es einzeln kauft,
und kann fliegen, wenn man es falzt, knickt und richtig auseinander faltet.

Papier

Meine Comicfigur ist eine berühmte Hexe.
Sie hat glatte schwarze Haare und trägt immer nur schwarze Kleidung.
Ihr Ziel ist es, den ersten selbst verdienten Taler Onkel Dagoberts in ihren Besitz zu bringen.
Dazu setzt sie »Bombastik-Buff-Bomben« ein und ihren Raben Nimmermehr, der sie über seine Luftbeobachtungen auf dem Laufenden hält.

Gundel Gaukeley

Das, was du erraten sollst, ist ein Teekesselchen.
Es ist giftig und hat keine Füße.
Du kannst dich an Bushaltestellen oder vor Kassenhäuschen darin anstellen.
Außerdem bezeichnet man manchmal Mädchen und Frauen so, die falsch und heimtückisch sind.

Schlange

In meinem Geschäft bekommt man bunte Prospekte mit Bildern von Hotels und schönen Stränden.
Man geht dorthin, wenn man Urlaub machen will.
Man kann dort keine Äpfel kaufen und auch keine Milch, aber man kann etwas Bestimmtes buchen, zum Beispiel, ob man mit einem Bus oder Zug fahren oder mit einem Flugzeug in die Ferne fliegen will.

Reisebüro

Das, was du erraten sollst, befindet sich in einer Tube, aber es ist kein Klebstoff.
Du kannst es nicht essen, und doch gehört es in deinen Mund.
Meistens ist es weiß, manchmal hat es aber auch rote oder grüne Streifen.
Wenn du es morgens, mittags und abends benutzt, schützt es vor Karies.

Zahnpasta

Mein Tier lebt im Wasser und kann sich im Boden des Meeres oder eines Sees eingraben.
Es kann sich auch an Felsen heften oder an Holzbohlen und Schiffen.
Weil der Körper meines Tieres sehr weich ist, schützt es sich durch zwei besondere Schalen.
Diese Schalen kannst du am Strand finden, aber Vorsicht: Sie zerbrechen leicht, weil sie aus Kalk sind.

Muschel

Meinen Gegenstand gibt es in vielen bunten Farben.
Er ist so groß wie ein Finger und wird durch eine stabile Hülle geschützt.
Um ihn benutzen zu können, musst du ihn ein Stück herausdrehen.
Du kannst ihn nicht in einer Buchhandlung kaufen, aber in Drogerien.
Du kannst damit auf Papier schreiben, aber eigentlich ist er für die Lippen gedacht.

Lippenstift

Meine Frucht wächst an einem Strauch.
Wenn sie ausgewachsen ist, kann sie so groß wie ein Tennisball werden.
Ihre Haut ist grün, wenn sie noch unreif ist, später wird sie jedoch rot.
Du kannst meine Frucht roh essen, zum Beispiel in einem Salat.
Für Suppen oder Saucen kannst du sie auch kochen.
Den Saft und das Mark meiner Frucht verwendet man für Ketchup.

Tomate

Meine Märchenfigur ist ein Junge.
Er spielt Flöte und kann fliegen.
Außerdem hat er die besondere Gabe, die Sprache der Feen verstehen zu können.
In einem Land der Träume erlebt er Abenteuer mit den Kindern Wendy, John und Michael Darling.
In diesem Land gibt es auch den berüchtigten Kapitän Hook.

Peter Pan

Mein Gegenstand hat einen Griff, den du gut festhalten musst, aber es ist kein Koffer und auch keine Aktentasche.
Du kannst ihn zusammenklappen, dann wird er schmaler.
Du kannst ihn auch zusammenstecken, dann wird er kürzer.
Er hat eine Hülle aus Stoffbahnen, die du aufspannen kannst, wenn es regnet.

Regenschirm

Mein Gegenstand besteht aus Seide oder Baumwolle.
Er hat die Größe eines Rucksacks, wenn er zusammengefaltet ist, aber wenn du ihn öffnest, wird er dreißig oder vierzig Mal größer.
Du kannst meinen Gegenstand mit Hilfe von Schnüren lenken, die an ihm befestigt sind.
Aber bevor du das kannst, musst du aus großer Höhe hinunterspringen und die Reißleine ziehen.

Fallschirm

Mein Tier kommt in Märchen und Sagen vor und ist ziemlich groß und gefährlich.
Es hat eine gespaltene Zunge, die giftig ist.
Außerdem hat es einen Schuppenpanzer als Körper, der es vor Verwundungen schützt.
Manchmal hütet mein Tier einen Schatz, manchmal wird ihm auch eine Jungfrau als Opfergabe gebracht.
Eine berühmte Sagengestalt, die mein Tier getötet hat, ist Siegfried.

Drache

Mein Gegenstand hat eine Trommel, aber mit ihr kannst du keine Musik machen.
Mein Gegenstand hat auch ein Fenster, aber du kannst dadurch nicht hinausgucken, sondern nur hineinsehen.
Wenn du meinen Gegenstand mit Wasser füllst, beginnt es innen zu schäumen.
Öffnest du das Fenster, kommt das, was du vorher hineingesteckt hast, sauber heraus.

Waschmaschine

Mein Tier bewegt sich sehr schwerfällig und hinterlasst eine Schleimspur.
Am Kopf hat es zwei Paar Fühler, die es schnell einzieht, wenn es auf ein Hindernis stößt.
Weil es ein kleines Tier ist, wird es gern von anderen gefressen, zum Beispiel von Füchsen, Vögeln oder großen Käfern.
Auf dem Rücken tragen viele meiner Tiere eine gewundene Schale, in die sie sich zurückziehen.

Schnecke

Mein Nahrungsmittel ist zunächst ganz weich und enthält viel Hefe.
Es muss lange gehen, ist aber kein Kuchenteig.
Damit du es essen kannst, wird es in den Backofen geschoben.
Wenn es hart wird, kannst du es schneiden.
Besonders lecker schmeckt die Kruste meines Lebensmittels.

Brot

Bei meiner Sportart musst du auf etwas zielen, das sich am Ende einer langen Bahn befindet.
Wenn es umfällt, bekommst du Punkte dafür.
Eine besondere Kleidung brauchst du für meine Sportart nicht, außer Schuhe mit weichen Sohlen, mit denen du gut Anlauf nehmen kannst.
Das wichtigste Sportgerät ist eine Kugel aus Kunststoff oder Hartgummi.
Sie hat drei Löcher, in die du deine Finger stecken kannst.

Bowling

Meine Sportveranstaltung findet jedes Jahr im Sommer statt.
Es ist ein anstrengendes Straßenrennen, zu dem sich Radfahrer aus aller Welt in Frankreich treffen.
Dem jeweiligen Gesamtsieger wird nach jeder Etappe des Rennens ein gelbes Trikot verliehen.

Tour de France

Mein Gegenstand hat eine Spitze aus Stahl.
Um ihn zu benutzen, musst du ihn nach rechts drehen, aber es ist kein Schraubenzieher.
Es ist auch keine Bohrmaschine, obwohl sich die Spitze in etwas hineinbohrt.
Biertrinker brauchen meinen Gegenstand nicht, aber wer gern Wein trinkt, kann eine Flasche ohne meinen Gegenstand nicht öffnen.

Korkenzieher

Das, was du erraten sollst, ist ein Teekesselchen.
Es wärmt den Körper des Menschen und besteht meist aus Wolle.
Es ist aber auch Teil eines Raumes und ein Tuch, das auf einem Tisch liegt.
Sieh dich nur um – vielleicht entdeckst du es in deiner Nähe.

Decke

Meine Märchenfigur ist ein Mädchen, das sehr schön ist.
Sie hat eine Stiefmutter, die ihr nach dem Leben trachtet.
Einmal schenkt sie dem Mädchen einen vergifteten Kamm, dann einen giftigen Apfel.
Aber die sieben Zwerge, bei denen das Mädchen wohnt, und ein Königssohn retten es und bewahren es am Ende vor dem Tod.

Schneewittchen

In meinem Beruf komme ich in der ganzen Welt herum.
Ich arbeite nicht in einer Fabrik und nicht in einem Büro.
Wenn ich arbeite, sitze ich in einem Sessel, schaue auf meine Instrumente und aus dem Fenster.
Ich trage eine Uniform und bringe oft mehr als 300 Personen von einem Ort zu einem anderen.
Ich bin aber kein Lokomotivführer.
Ohne mich könntest du in den Sommerferien nicht so schnell nach Spanien oder in ein anderes fernes Urlaubsland kommen.

Pilot

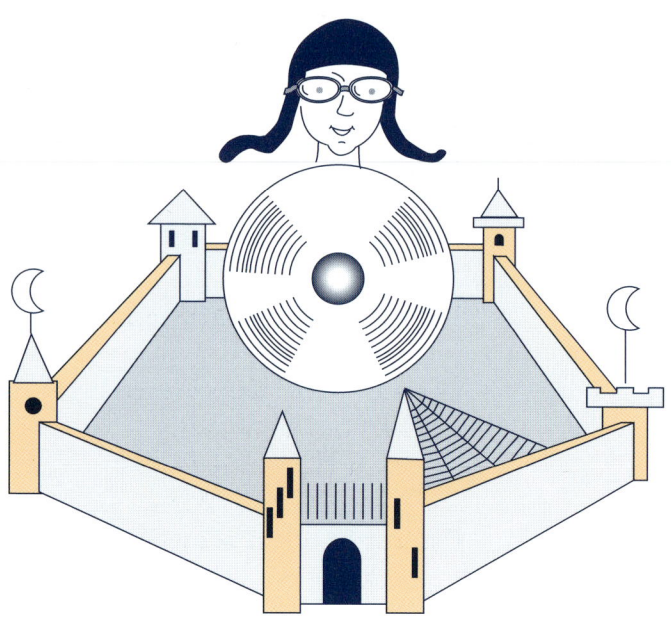

Burg

Mein Gebäude ist von hohen Mauern umgeben und steht auf Hügeln und Bergen.
Früher lebten Könige, Adlige und Soldaten darin.
Vom höchstem Turm meines Gebäudes kannst du kilometerweit in jede Richtung sehen.
Um mein Gebäude betreten zu können, musste früher eine Zugbrücke heruntergelassen werden.

Mond

Auf meinem Planeten gibt es kein Leben, aber es gibt riesige Meere darauf.
Sie bestehen aus erkalteter Lava.
Es gibt auch Krater auf der Oberfläche meines Planeten, einer davon heißt Clavius.
Mein Planet wird von der Schwerkraft der Erde angezogen.
Er ist so groß, dass du ihn ohne Fernrohr am Himmel sehen kannst.

Spinne

Mein Tier ist sehr klein, und dennoch fürchten sich die Menschen vor ihm.
Es kommt meist hervor, wenn es dunkel ist, und sitzt dann an Balken oder an Wänden.
Die meiste Zeit seines Lebens sitzt es in einem sicheren Winkel und wartet auf seine Beute.
Dafür stellt es eine besondere Falle her, die es stundenlang aus feinen, klebrigen Fäden baut.

Schach
Mein Spiel wird auf einem Brett mit hellen und dunklen Feldern gespielt.
Die Menschen sitzen oft lange davor und überlegen, ehe sie eine Figur bewegen.
Es gibt einen König und eine Dame in diesem Spiel und auch Türme, Pferde, Läufer und Springer.
Wer es spielt, muss aufpassen, dass er nicht matt gesetzt wird.

Walross
Mein Tier hat einen Schnurrbart mit bis zu 700 Haaren.
Damit kann es im schlammigen Meeresboden Nahrung finden.
Es hat keine Füße, aber es kann die Hinterflossen unter den Körper ziehen und sich auf diese Weise an Land fortbewegen.
Mit seinen fast ein Meter langen Eckzähnen kann mein Tier bis zu 20 Zentimeter dickes Eis durchbrechen.

Hein Blöd
Meine Figur ist eine ziemlich dünne Ratte, deren Kopf, Hände und Augen von Puppenspielern bewegt werden.
Meine Figur schielt und hat Schnurrbarthaare, die wie verbogene Drähte aussehen.
Sie trägt ein blau geringeltes T-Shirt und eine kleine rote Pudelmütze.
Sie sagt nicht viel und denkt auch etwas schwerfällig, aber sie erfindet im Schiffsrattenlabor nützliche Dinge wie Reimschleim oder ein Nasentelefon.

Mein Nahrungsmittel ist ein Getreide, aber es ist kein Mais und keine Hirse.
Wenn man es kauft, ist es hart, aber wenn man es kocht, quillt es auf und wird weich.
Mein Nahrungsmittel ist meistens weiß, aber wenn man das Häutchen nicht entfernt, das jedes Korn umgibt, ist es braun.
Chinesen essen mein Nahrungsmittel mit zwei Stäbchen.

Reis

Wenn andere Leute noch schlafen, habe ich bereits angefangen zu arbeiten.
Ich halte mich in einem großen Raum auf, in dem mir verschiedene Geräte und Maschinen bei der Arbeit helfen.
Was ich herstelle, kannst du jeden Tag frisch in den Regalen von bestimmten Läden finden.
Es kann knusprig, süß oder auch herzhaft sein.
Bei meiner Arbeit bekomme ich häufig weiße Hände und Haare.

Bäcker

Mein Fest wird im Spätherbst gefeiert, aber es ist weder Nikolaus noch Weihnachten.
In manchen Gegenden ziehen Kinder am Abend dieses Tages mit selbst gebastelten Laternen von Haus zu Haus, singen Lieder und erhalten kleine Süßigkeiten.
Erinnert wird an diesem Tag an einen Mann, der mit seinem Schwert seinen Mantel in zwei Hälften teilte und eine Hälfte einem frierenden Bettler gab.

Martinstag

Mein Gegenstand ist aus Stoff oder Papier und passt in jede Tasche.
Du kannst ihn auf- und wieder zusammenfalten, aber es ist kein Fallschirm.
An Bahnsteigen wedeln Menschen manchmal damit, sobald ein Zug abfährt.
Du brauchst meinen Gegenstand vor allem dann, wenn du Schnupfen hast.

Taschentuch

Weil ich bei meiner Arbeit eine Uniform trage, kannst du mich schnell erkennen.
Mal gehe ich zu Fuß oder reite auf einem Pferd, ein andermal fahre ich Motorrad oder Auto.
Selbst in einem Hubschrauber kannst du mich manchmal sehen.
Ich bin kein Feuerwehrmann, aber mein Beruf ist trotzdem gefährlich.
Ich bin kein Richter, und doch ist es meine Aufgabe, für Recht und Ordnung zu sorgen.

Polizist

Meine Frucht ist im Sommer reif und rund, aber geerntet wird sie erst im Herbst.
Meine Frucht hat viele bunte Farben: sie kann grün sein, gelb oder rot.
Sie schmeckt säuerlich oder süß, je nachdem, welche Sorte du isst.
Man kann Mus aus meiner Frucht machen oder sie mit Rosinen und Mandeln gefüllt im Backofen braten.

Apfel

Das, was du erraten sollst,
ist ein Teekesselchen.
Es meint einen Durchlass oder
eine Einfahrt und steht am
Eingang einer Stadt oder führt
zu einem Haus.
Auch bei manchen Sportarten
kannst du es sehen.
Dort hat es zwei Pfosten und eine Querstange.
Außerdem nennt man einen dummen, einfältigen
Menschen so.

Tor

Meine Figur ist ein Alien und stammt aus einem berühmten
Film.
Sie ist knapp einen Meter groß, unbekleidet, und ihre Haut
erinnert an ein angeschrumpeltes Brathähnchen.
Ihre dünnen Arme enden in langen Spinnenfingern.
Ihre Beine sind kurz und haben Watschelfüße.
Wenn meine Figur sich aufregt, glüht eine rote Lampe in ihrem
Körper.
Ihr größter Wunsch ist es, nach Hause telefonieren zu können.

E. T.

Mein Nahrungsmittel ist weiß oder braun.
In Lebensmittelgeschäften kannst du es grob gemahlen kaufen,
als fein gemahlenes Puder oder in Würfelform.
Ohne mein Lebensmittel würde dir weder Schokolade noch
Kuchen noch ein Dauerlutscher schmecken.
Die Fabriken, in denen mein Lebensmittel hergestellt wird,
nennt man Raffinerien.

Zucker

Mein Musikinstrument hat mehrere Röhren, die man Pfeifen nennt, aber es ist keine Orgel.
Da eine der Pfeifen Löcher hat, kann man Melodien mit ihr spielen.
Mein Musikinstrument kann lang anhaltende, quäkende Töne erzeugen.
Ab und zu muss man Luft durch ein Rohr pusten.
Diese Luft wird in einem Beutel gesammelt.
Wenn man sie mit dem Arm hinauspresst, entstehen Töne.

Dudelsack

Mein Gegenstand ist aus Eisen oder Stahl.
Er ist so klein, dass du ihn in die Hosentasche stecken kannst.
Du kannst meinen Gegenstand nur benutzen, wenn er ganz genau passt.
Wenn du ihn in die eine Richtung drehst, geht etwas auf.
Wenn du ihn in die andere Richtung drehst, ist alles wohl verwahrt.

Schlüssel

Meine Märchenfigur ist ein Mädchen.
Es wurde aus einer Blume geboren und schläft in einer Walnussschale.
Veilchenblätter sind seine Matratze, und ein Rosenblatt ist seine Zudecke.
Meine Figur trifft eine Kröte, einen Maikäfer und einen Maulwurf, die sie alle zur Frau haben wollen.
Aber den Richtigen findet sie erst in einem Marmorschloss.

Däumelinchen

Seifenblase

Mein Gegenstand kann durch die Luft schweben, aber er ist kein Ballon und auch kein Flugzeug.
Mein Gegenstand ist leicht wie eine Feder und zart wie dünnes Glas.
Es gibt ihn immer nur ein paar Sekunden lang.
Wenn du meinen Gegenstand herstellst, darfst du nicht zu stark pusten, sonst platzt er.

Waage

Mein Gerät hat einen Zeiger und eine Skala mit Zahlen, aber es ist keine Uhr.
Mein Gegenstand kann in Küchen stehen oder im Badezimmer.
Du kannst damit etwas messen, aber es ist kein Tachometer.
Je schwerer etwas ist, desto weiter rückt der Zeiger meines Gerätes vor.

Marsupilami

Mein Tier ist eine Comicfigur und hat ein gelbes Fell mit schwarzen Punkten, einen unbehaarten rosa Bauch, einen runden Kopf mit Knickohren und einen mehrere Meter langen Schwanz.
Wenn das Tier ihn zu einem Knäuel knotet, kann es ihn als Faust benutzen.
Wenn es ihn zu einer Spirale dreht, kann es damit hüpfen.
Es gibt seltsame Laute wie »Huba-Huba« von sich.

Besen

Mein Gegenstand hat einen Stiel, aber er wächst nicht.
Er hat lange Haare, aber kein Gesicht.
Von allein kann mein Gegenstand nicht gehen, und doch hilft er dir, wo er kann.
Wenn du ihn nicht brauchst, lehnt er an einer Wand oder steht in der Ecke.

Mein Gegenstand kann dich nicht hören und auch nicht riechen, aber er kann dich sehen.
Wenn du Fratzen schneidest, macht er es dir nach, und wenn du die Arme bewegst, winkt er zurück.
Aber er macht das immer nur, wenn du direkt vor ihm stehst.
Wenn du genügend Abstand von ihm hältst, hast du Ruhe vor ihm.

Spiegel

Mein Gegenstand hat einen Nagel, der nicht aus Eisen besteht.
Du kannst ihn bewegen und irgendwo hineinstecken.
Du kannst jemanden damit anstoßen oder pieksen.
Jeder Mensch besitzt zehn davon. Zusammen sind sie kleine und große Helfer.

Finger

Das, was du erraten sollst, ist ein Teekesselchen.
Es verhindert den unbefugten Zutritt und kann nur mit einem Zifferncode oder einem Schlüssel geöffnet werden.
Außerdem ist es ein großes Gebäude, in dem Adelige wohnen.

Schloss

Mein Gerät hat eine Tür und viele Fächer.
Wenn du die Tür öffnest, geht automatisch ein Licht an.
Im Inneren meines Gegenstands gibt es Abstellroste und Schalen.
Eier passen dort hinein und Flaschen.
In einem der Fächer ist es besonders kalt. Dort bewahrt man Eis auf.

Kühlschrank

Gartenschlauch

Mein Gegenstand ist sehr lang und biegsam.
Er ist von innen hohl und besteht aus Kunststoff.
Wenn er nicht benutzt wird, liegt er meist zusammengerollt
wie eine Schlange im Keller oder in einem Gartenhaus.
Um damit spritzen zu können, musst du eines seiner beiden
Enden an einen Wasserhahn anschließen.

Schatten

Das, was du erraten sollst, gehört zu dir wie ein Fuß
oder eine Nase.
Es ist immer da, nur nicht in der Dunkelheit.
Es gehört auch zu Tieren oder zu Dingen.
Du kannst es nicht anfassen, aber sehen.
Wenn du gehst, läuft es vor oder hinter dir her.
Mittags, wenn die Sonne am höchsten steht, ist es klein,
aber in der Abendsonne ist es ganz lang.

Shampoo

Das, was du erraten sollst, riecht gut, kann verschiedene
Farben haben und wird in kleinen Flaschen verkauft.
Frisöre benutzen es, und auch bei dir im Badezimmer steht es
bestimmt.
Wenn du die Flüssigkeit mit Wasser vermischst und etwas
davon auf deinen Kopf gibst, beginnt es zu schäumen.

Ohr

Mein Körperteil besteht aus Knorpel und ist sehr biegsam.
Du kannst es zuhalten oder einen Finger hineinstecken,
aber es ist kein Mund.
Wenn du schläfst, liegst du manchmal auf ihm.
Ein Hund kann dieses Körperteil spitzen, und ein Hase
kann es herunterklappen.

Meine Pflanze bildet Früchte, die in der Erde wachsen.
Diese Früchte können so groß wie eine Menschenfaust werden.
Du kannst sie kochen oder braten.
Ihre Haut musst du schälen oder pellen.
Viele leckere Speisen wie Chips, Klöße oder Pommes frites werden aus meiner Pflanze gemacht.

Kartoffel

Meine Figur kennst du aus Hörspielen und aus Zeichentrickfilmen.
Sie ist gutmütig und hilfsbereit und hat viele Berufe wie zum Beispiel Feuerwehrmann, Pilot, Taxifahrer, Detektiv, Ritter oder Torwart.
So viele Berufe meine Figur hat, so verschiedene Kopfbedeckungen trägt sie auch.
Wenn meine Figur irgendwo erscheint, trompetet sie »Tööörööö«.

Benjamin Blümchen

Mein Lebensmittel wird nach dem Abpflücken getrocknet.
Wenn du es kaufst, ist es grün, braun oder schwarz.
Manchmal riecht es auch nach Vanille, Jasmin, Zitrone oder vielen anderen Düften.
Du kannst mein Lebensmittel nicht essen, aber du kannst es trinken.
Wenn du kochendes Wasser darauf gibst, musst du es drei Minuten ziehen lassen.

Tee

Ampel

Mein Gegenstand steht auf einem langen Bein.
Er hat drei Augen und macht sie niemals zu, weder am Tag noch in der Nacht.
Diese Augen leuchten rot, gelb und grün.
Aber sie leuchten nie alle gleichzeitig.
Wenn mein Gegenstand kaputt ist oder der Strom ausfällt, müssen Fußgänger und Autofahrer besonders Acht geben.

Streichholz

Mein Gegenstand ist dünner als dein kleiner Finger.
Er besteht aus Holz, aber er ist kein Zahnstocher.
Du kannst meinen Gegenstand nicht einzeln kaufen, sondern immer nur in einer Schachtel.
Wenn du an seinem Kopf reibst, entzündet er sich.

Kokosnuss

Meine Frucht kann so groß wie der Kopf eines kleinen Kindes werden.
Im Wasser kann sie schwimmen.
Wenn du eine der drei Poren an der Oberseite der Schale aufbohrst, kommt Milch heraus, die du trinken kannst.
Meine Frucht wächst an Palmen und hat Seefahrern oft als Nahrung gedient.

Adventskalender

Mein Gegenstand ist ein Kalender, aber er hat keinen Monat und auch kein Jahr.
Du kannst nichts in ihn hineinschreiben, und du kannst ihn auch nicht in einem Schreibwarenladen kaufen.
Mein Kalender hat nur 24 Tage, und er gilt nur für einen einzigen Monat.
Für jeden Tag hat er ein Türchen, das du öffnen kannst.

Mein Tier hat einen Mund, aber es kann nicht sprechen.
Es hat auch einen Schwanz, aber es kann nicht wedeln.
Auf seiner Haut wachsen keine Haare, und Arme und Beine hat es auch nicht.

Fisch Man kann es essen, aber Vorsicht: Es hat Gräten!

Mein Raum befindet sich in Hotels, in Rathäusern, Banken und Warenhäusern.
Er hat keine Fenster und ist nicht aus Stein gemauert.
Er kann sich nach unten oder nach oben bewegen,

Fahrstuhl aber nie zur Seite.

Mein Tier hält sich tagsüber versteckt und kommt erst nachts zum Vorschein.
Es geht mit seinem scharfen Geruchs- und Gehörsinn auf Futterjagd und frisst Insekten, Schnecken, Würmer und Fallobst.
Gerät mein Tier bei seinen Nachtwanderungen auf eine Straße und hört es ein Auto, so rollt es sich zusammen und wird

Igel leider dabei oft überfahren.

Wenn du meinen Gegenstand kaufst, erhältst du immer zwei davon.
Ein Exemplar allein ist nicht viel wert.
Wenn du die beiden Gegenstände trägst, tun sie dasselbe, aber einer ist dem anderen immer ein Stück voraus.

Schuhe Beide passen auch nicht umgekehrt.

Alice im Wunderland

In meinem Buch spielt ein Mädchen die Hauptrolle.
Als es einem Tier folgt, fällt es ins Erdinnere und erlebt dort wundersame Dinge.
Einmal trinkt es aus einer kleinen Flasche und wird winzig klein.
Dann isst es von einem Kuchen und wächst unaufhaltsam.
Ständig trifft es seltsame Figuren: einen Hutmacher, eine Herzogin und eine grinsende Katze.

Seife

Mein Gegenstand ist weiß, kann aber auch gelb, rosa oder blau sein.
Er riecht gut, aber du solltest nie hineinbeißen, denn er schmeckt scheußlich.
Um meinen Gegenstand zu benutzen, musst du ihn in die Hand nehmen.
Wenn du Wasser darüber laufen lässt, wird er glitschig.
Du findest meinen Gegenstand auf der ganzen Welt in Bädern und Toilettenräumen.

Bahnhof

Mein Gebäude gehört zu den größten in einer Stadt.
Du findest dort viele Geschäfte, die auch abends noch geöffnet haben.
Überall hängen Uhren und Fahrpläne, und die Menschen laufen dort immer sehr schnell.
Fast alle haben Taschen oder Koffer bei sich.
Sie steigen in ein bestimmtes Verkehrsmittel, aber nicht in ein Flugzeug.

Meine Pflanze ist ein Gemüse, das in der Erde wächst.
Es ist lang und dünn, aber es ist keine Gurke.
Weil es in kleinen Hügeln mit aufgeschütteter Erde wächst und kein Sonnenlicht sieht, ist es ganz weiß, manchmal auch grün.
Man kann mein Gemüse nicht pflücken, sondern muss es stechen.

Spargel

Mein Körperteil kann nicht gehen und nicht stehen, aber laufen.
Es kann nicht sehen und auch nicht hören, trotzdem kann es Käse von einer Rose unterscheiden oder ein gebratenes Hähnchen von einem verfaulten Pfirsich.
Mein Körperteil schmerzt, wenn du daran ziehst, trotzdem bleibt es immer im Gesicht.

Nase

In meiner Sportart gibt es keinen Schiedsrichter, sondern einen Ringrichter.
Außerdem gibt es noch Punktrichter, einen Zeitnehmer und Sekundanten.
Für meine Sportart braucht man Muskeln und gute Reflexe.
Man muss zwölf Runden durchhalten und darf nicht k. o. gehen.

Boxen

Meine Figur ist weiblich und sehr schön.
Sie kommt in vielen Sagen vor und wird dort mit langem blonden Haar dargestellt.
Am liebsten sitzt sie auf einem Felsen am rechten Rheinufer und singt.
Ihre Melodien klingen so verführerisch, dass die Schiffer ihren Orientierungssinn verlieren und kentern.

Lorelei

Das, was du erraten sollst, ist ein Teekesselchen.
Es bezeichnet eine dünne, zusammen-
hängende Schicht, die auf der
Oberfläche schwimmt oder haftet.
Es ist ein Material, das mit einer
lichtempfindlichen Schicht
überzogen ist und in einen
Fotoapparat gelegt wird.
Außerdem kannst du es im Kino
und im Fernsehen sehen.

Film

Die Decke meines Gebäudes ist so hoch, dass du sie nicht
einmal mit einer Leiter erreichen kannst.
Viele Stühle und Bänke stehen darin, aber kein Fernseher und
kein Radio.
Die meisten Leute betreten mein Gebäude sonntags.
Sie singen dann gemeinsam oder hören einem Mann oder einer
Frau zu, die zu ihnen reden.

Kirche

Mein Nahrungsmittel ist ein Gebäck, das man in Tüten oder
in Dosen kaufen kann.
Wenn du es isst, fallen fast immer Krümel hinunter, denn es ist
sehr dünn und sehr knusprig, aber es ist kein Knäckebrot und
auch kein Zwieback.
Manchmal besteht der Rand meines Gebäcks aus kleinen
Zähnen.

Keks

Meine Figur hat ein orangebraunes Zottelfell und ist ziemlich verfressen.
Meine Figur lebt nicht wirklich, sondern kommt nur im Fernsehen vor, wo sie bei der Familie Tanner wohnt.
Mit ihren rüpelhaften Bemerkungen bringt sie die Familie oft zur Verzweiflung.
Meine Figur hat oft Heißhunger auf Katzenpizza und stammt eigentlich vom Planeten Melmac.

Alf

Meinen Gegenstand können Kinder sich schenken lassen.
Erwachsene jedoch müssen sich ihn verdienen.
Mein Gegenstand besteht entweder aus Papier oder Metall.
Je mehr du von meinem Gegenstand hast, desto reicher macht er dich.
Weil mein Gegenstand sehr kostbar ist, sollte man ihn gut verstecken oder auf eine Bank bringen.

Geld

Mein Fest wird gefeiert, wenn du noch ein kleines Kind bist.
Oft erinnert eine besondere Kerze an diesen Tag.
Deine Eltern und deine Paten nehmen an diesem Fest teil.
Mit ihnen stehst du vor einem Becken und lässt dir von einem Priester geweihtes Wasser auf den Kopf schütten.

Taufe

Mein Gerät steht in vielen Küchen.
Es hat eine Klappe, durch die du ins Innere schauen kannst, aber es ist kein Herd.
Es hat einen Zeitschalter und brummt, wenn man es anschaltet.
Wenn man einen Teller mit kalter Suppe in mein Gerät stellt, wird die Suppe in zwei Minuten heiß.

Mikrowellengerät

Rotkäppchen

In meinem Märchen kommt ein Mädchen vor, das eine besondere Kopfbedeckung hat.
Es geht oft durch den Wald, um einem Menschen, den es gern hat, etwas mitzubringen.
Aber eines Tages stimmt etwas nicht, denn dieser Mensch hat plötzlich viel zu große Ohren und Augen und ein entsetzlich großes Maul.
Zur Strafe füllt das Mädchen später den Bauch des Menschen, der eigentlich ein Wolf ist, mit Steinen.

Brötchen

Mein Nahrungsmittel kannst du mit einer Hand umfassen.
Es ist braun und hat eine Kruste.
Manchmal befinden sich Sesamkörner oder Mohnsamen darauf.
Du kannst mein Nahrungsmittel bei jedem Bäcker kaufen.
Die meisten Menschen essen es zum Frühstück und schneiden es auf.
Es ist kein Brot, aber man streicht Butter oder Margarine darauf.

Wal

Mein Tier kann über 30 Meter lang werden, aber es ist kein Dinosaurier.
Das Herz meines Tieres ist so groß wie ein Kleinwagen, und seine Zunge wiegt bis zu vier Tonnen.
Am Kopf hat mein Tier ein Blasloch, das sich beim Ein- und Ausatmen öffnet.
Der Schriftsteller Herman Melville hat meinem Tier den Namen Moby Dick gegeben.

Kirsche Meine Frucht hängt an einem Baum, der im Frühling weiße Blüten hat.
Wenn meine Frucht noch nicht reif ist, hat sie eine grüne Haut.
Vögel picken sie ab, wenn sie rot ist, und Menschen pflücken sie, um damit Torten zu belegen oder Marmeladen zu kochen.
Du kannst meine Frucht auch einzeln essen, aber Vorsicht: Erst hinunterschlucken, wenn du den Stein ausgespuckt hast.

Kater Mikesch Mein Tier ist eine Romanfigur.
Sie trägt Stiefel und Hosen, holt morgens Brötchen, hilft der Großmutter im Haushalt und kann sprechen.
Meine Figur hat dem Schwein Paschik und dem Ziegenbock Bobesch Unterricht in menschlicher Sprache erteilt.
Einmal landet mein Tier im Zirkus, wo es den Künstlernamen Don Miko erhält und als sprechender Sack »Schock-Schock« Geld verdient.

Tafel Meinen Gegenstand gibt es in jeder Schule.
Du kannst auf ihm schreiben, aber es ist kein Papier.
Meinen Gegenstand kannst du aufklappen, aber es ist kein Heft.
Du darfst nicht mit Filzstift und auch nicht mit Tinte darauf schreiben.
Wenn du dich verschrieben hast, genügt ein feuchter Schwamm – und schon ist alles weggewischt.

Bart
Du kannst an dem, was du erraten sollst, ziehen, aber es ist keine Schnur.
Wenn du es nicht abschneidest, wird es jeden Tag ein Stückchen länger.
Kinder haben es nicht, aber Erwachsene. Und zwar nur die Männer.
Wenn sie es nicht mehr haben wollen, rasieren sie es ab.

Brunnen
Das, was du erraten sollst, ist ein tiefer Schacht, aber es ist kein Kanal und auch kein Bergwerk.
Damit niemand hineinfallen kann, hat man eine Mauer um seine Öffnung gebaut.
Auf dem Grund des Schachts befindet sich Wasser.
Du kannst es hochpumpen oder mit Hilfe eines Eimers schöpfen.

Badehose
Mein Kleidungsstück ist aus Stoff.
Wenn du es anziehen willst, musst du beide Beine hindurchstecken.
Mein Gegenstand hat keinen Gürtel, und er muss auch nicht gebügelt werden.
Mein Kleidungsstück tragen Jungen, wenn sie ins Schwimmbad gehen.

Zelt
Mein Gegenstand ist ein Haus, aber seine Wände sind nicht aus Stein gemauert.
Es hat keine Treppen und keinen Keller, aber eine Tür.
Indianer leben in meinem Haus und Menschen, die Urlaub auf einem Campingplatz machen.

Mein Fest hat mit Geistern zu tun und wird gefeiert, wenn es dunkel ist.
Kinder stellen an diesem Tag Kürbisse mit brennenden Kerzen auf oder verkleiden sich mit orangefarbenen oder schwarzen Umhängen.

Halloween

Mein Gegenstand ist kein Radio, aber du kannst damit andere Menschen sprechen hören.
Wenn du es von einer bestimmten Zelle aus benutzt, musst du Kleingeld oder eine besondere Karte haben.

Telefon

Meinen Gegenstand benötigen alle Kinder, die schreiben können.
Es fehlt in keinem Schulranzen, weil es Fehler schnell unsichtbar macht, aber es ist kein Tintenkiller.
Jeder Bleistift fürchtet sich vor meinem Gegenstand.

Radiergummi

Mein Gegenstand ist durchsichtig und schützt vor Regen und Wind.
Du kannst ihn an Häusern, an Brillen und an Autos sehen.
Nichts fürchtet er mehr als einen Hammer oder einen schweren Stein.

Glas

Das, was du erraten sollst, findest du an jeder Küste, aber es ist kein Fisch.
Du kannst darin gehen, aber nicht weit.
Scheint die Sonne, färbt es sich blau. Bei Regen wirkt es schmuddlig grau.

Meer

Rad

Mein Gegenstand dreht sich sehr schnell, aber wird niemals schwindlig.
Früher war er aus Holz, heute besteht er aus Gummi und hat ein Profil.
Je mehr er mit Luft gefüllt ist, desto besser rollt er.
Du findest meinen Gegenstand an jedem Fahrrad und an jedem Auto.

Säge

Mein Gegenstand hat keine Füße und geht doch auf und ab.
Du brauchst ihn, um etwas kürzer zu machen.
Er hat spitze Zähne, aber muss niemals zum Zahnarzt gehen.
Er beißt sich immer tiefer ein, bis er sich am Ende durchgebissen hat.

Teleskop

Mein Apparat besteht aus Linsen und Spiegeln.
Bei klarem Himmel kann er etwas sichtbar machen oder vergrößern, das weit entfernt ist.
Ohne meinen Apparat wüssten wir kaum etwas über unser Sonnensystem und die Sterne in den Tiefen des Weltraums.

Suppe

Mein Gericht wird auf einem Teller serviert, aber es ist kein Schnitzel und auch keine Pizza.
Du kannst es nicht mit Messer und Gabel essen und auch nicht mit den Fingern.
Mein Gericht ist meistens sehr heiß und dampft, wenn es auf den Tisch kommt.
Du brauchst einen Löffel, um es zu essen.

Mein Tier hat zwei Hörner und frisst Gras.
Man kann es auch melken, aber es ist keine Kuh.
Mein Tier springt über Stock und Stein und frisst sogar Dornen.
Das Männchen meines Tieres nennt man Bock, das Weibchen heißt Geiß.

Ziege

Meine Sportart wird mit bunten Kugeln gespielt.
Diese Kugeln darfst du nicht werfen und auch nicht mit dem Fuß berühren, sondern nur mit einem langen Stock anstoßen.
Gespielt wird auf einem Tisch, der mit grünem Stoff bedeckt ist.

Billard

Mein Gegenstand ist unersättlich hungrig.
Er hat ein breites Maul, mit dem er alles gierig schluckt.
Er kommt in alle Ritzen und macht einen ziemlichen Lärm.
Ruhig ist er erst, wenn man ihn aus dem Stecker zieht.
Manchmal muss man seinen Beutel leeren, sonst frisst er nicht mehr.

Staubsauger

Viel Fleiß ist nötig, um mein Lebensmittel zu gewinnen.
Manche Menschen geben es in heiße Getränke, die meisten aber streichen es aufs Butterbrot oder Brötchen.
Mein Nahrungsmittel ist keine Butter und auch keine Margarine.
Es ist süß und klebrig, aber keine Marmelade.
Du kannst es im Supermarkt kaufen oder beim Imker.

Honig

Rätsel für Kinder
zwischen 10 und 12

Jetzt geht's los – die Rätsel für dich sind jetzt nicht mehr babyleicht, sondern mindestens mittelschwer. Vereinzelt musst du sogar um die Ecke denken!
Ein Tipp: Es lohnt sich, im Gedächtnis zu kramen. Viele Dinge, nach denen wir in diesem Kapitel fragen, kennst du aus der Schule: Städte und Bauwerke, Feiertage, Planeten, Musikinstrumente und vieles mehr.
Und wenn du mal eine Lösung nicht finden konntest, ärgere dich nicht. Denk: Du hast deinen Horizont erweitert und Neues dazugelernt. Und probier schnell aus, ob deine Freunde es besser hinkriegen!

? Mit meinem Gegenstand kannst du fahren, aber du brauchst dafür keinen Führerschein.
Mein Gegenstand hat kein Lenkrad und keine Reifen.
Er kann nicht geradeaus fahren und auch nicht um die Ecke.
Er hat eine Tür, aber keine Klinke.
Du kannst mit meinem Gegenstand immer nur so weit fahren, wie ein Haus hoch ist, und nur so tief, wie ein Keller in den Boden hinabreicht.

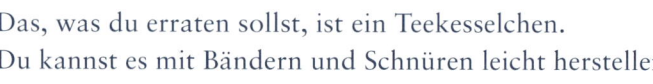

Das, was du erraten sollst, ist ein Teekesselchen.
Du kannst es mit Bändern und Schnüren leicht herstellen.
Frauen tragen es manchmal am Hinterkopf.
An Pflanzen oder auf der Haut kannst du es fühlen.
Außerdem ist mein Teekesselchen eine Maßeinheit, mit der man die Geschwindigkeit von Schiffen bestimmen kann.

? Meine Blume kann mehr als drei Meter hoch werden.
Sie hat gelbe Blüten und raue behaarte Blätter.
Im Inneren der Blüte sitzt ein Samenteller, der so groß wie deine Hand ist.
Seine Körner sind ein Leckerbissen für Vögel.
Aber auch Menschen schätzen die Samen sehr und pressen daraus Speiseöl.

? Mein Spiel wird von zwei Mannschaften mit je neun Spielern ausgetragen.
Diese Spieler müssen schnell laufen können.
Ein Spiel dauert eine bestimmte Anzahl von Innings, üblicherweise neun.
Es gewinnt das Team mit den meisten Home Runs.

? Mein Musikinstrument kann Akkorde spielen, aber auch eine Melodie.
Es hat einen langen Hals und ein Griffbrett.
Sein Resonanzkörper hat in der Mitte ein Loch.
Rockmusiker besitzen eine elektrische Version meines Instruments.
Wenn sie es an einen Verstärker anschließen, kann es ziemlich laut werden.

? Mein Tier ist ein großer Vogel, der meist nachts jagt und mit seinen Schwingen völlig geräuschlos fliegt.
Die Augen meines Tieres liegen nicht seitlich, sondern sind wie beim Menschen nach vorn gerichtet.
Seinen Kopf kann mein Tier um 180 Grad drehen und damit genau nach hinten schauen.
Wenn mein Tier Jagd macht, packt es seine Beute (meist Mäuse) mit seinen starken Krallen und verschlingt sie ganz.

? Mein Fluss fließt durch Basel, Köln und Duisburg.
Er entspringt in der Schweiz und mündet in der Nordsee.
In Schaffhausen stürzt er über einen 20 Meter hohen Wasserfall in sein Bett, und bei Bingen gibt es gefährliche Stromschnellen.
Mein Fluss ist über 1300 Kilometer lang und gilt als verkehrsreichste Wasserstraße Europas.

? Wer in meinem Raum wohnt, kann ihn ohne fremde Hilfe nicht mehr verlassen.
Die meisten Menschen müssen dort mehrere Monate oder Jahre ausharren, viele auch lebenslänglich.
Keiner, der in meinem Raum wohnt, lebt dort freiwillig.

? Meine Figur stammt aus einer Serie von Kinofilmen, in denen viele Raumschlachten ausgetragen werden.
Meine Figur ist fast zwei Meter groß und trägt einen Patronengurt um die Schulter.
Obwohl meine Figur nur in Grunzlauten sprechen kann, ist sie Copilot des Raumschiffs »Millennium-Falke« und weicht niemals von der Seite ihres Freundes Han Solo.

? Mein Fest fand früher am ersten Sonntag nach Ostern statt, heute wird es meist im April, Mai oder Juni gefeiert.
Mädchen tragen häufig ein weißes Kleid an diesem Tag, und auch Jungen ziehen sich sehr schick an.
Katholiken empfangen an meinem Festtag zum ersten Mal den Leib Christi in Form einer Hostie.

? Meine Frucht hat eine Schale, die man nicht mitisst.
Wenn du die Schale mit den Fingern entfernst, bleiben oft weiße Reste der Fruchtwand unter deinen Nägeln kleben.
Meine Frucht hat acht oder zehn Spalten, wenn man sie zerteilt, aber es ist keine Zitrone.
Im Inneren befinden sich kleine Kerne.
Da meine Frucht sehr saftig ist, kannst du sie auch auspressen.
Sie enthält viel Vitamin C.

Das, was du erraten sollst, ist ein Teekesselchen.
Es ist hohl und mit Luft gefüllt.
Es kann auch auf deiner Haut entstehen, wenn du dich verbrannt hast.

? Außerdem heißt ein Organ des menschlichen Körpers so.

Mein Tier ist ein Insekt mit einem Flügelpaar, das so schnell schlägt, dass man ein deutliches Summen und Brummen hören kann.
Es klettert mühelos Glasscheiben hoch und läuft ohne Probleme an der Zimmerdecke entlang.
Im Sommer wird es dem Menschen oft lästig und setzt sich auf alles Süße, was es in der Küche oder im Wohnzimmer finden kann.

? Dafür wird es mit einer speziellen Klatsche oder sogar mit Insektenspray gejagt.

In meinem Beruf muss ich mich gut mit Straßen und Hausnummern auskennen.
Obwohl ich dabei mit dem Auto oder mit dem Fahrrad fahre, muss ich auch viele Kilometer pro Tag zu Fuß laufen, außer sonntags.
Ich bringe den Menschen etwas, das sie oft erwarten und neugierig aufreißen oder auspacken.

? Vor allem in den Wochen vor Weihnachten habe ich viel zu tun.

? Mein Spiel hat 28 rechteckige Steine.
Jeder Stein ist in zwei gleiche Felder aufgeteilt und trägt bestimmte Punkte – so genannte Augen.
Spielsteine mit gleicher Augenzahl müssen so lange an die Felder angelegt werden, bis der erste Spieler all seine Steine abgelegt hat. Man kann aber auch die Steine hochkant in eine Reihe stellen und sich daran erfreuen, wie sie umfallen, sobald man den ersten Stein anstößt.

? Mein Gerät passt in jede Hosen- oder Jackentasche.
Du kannst es überall auf der Welt sehen, aber es funktioniert nur mit einem aufgeladenen Akku.
Mein Gerät hat zwölf kleine Tasten und einen Bildschirm.
Darauf erscheinen Ziffern und oft auch SMS-Nachrichten.

? Meine Figur hat der Schriftsteller Rudyard Kipling erfunden.
Im Rat des Wolfrudels ist sie der einzig zugelassene Fremde und stimmt dort für die Aufnahme eines Menschenkindes namens Mowgli.
Meine Figur bringt Mowgli die Gesetze des Dschungels und wichtige Wörter der einzelnen Tierarten bei.
In einem Disney-Film singt sie oft, vor allem die Zeilen »Probiers mal mit Gemütlichkeit.«

? In meinem Raum steht immer ein Bett.
Um darin schlafen zu können, muss man Geld bezahlen
Die meisten Leute schlafen eine oder zwei Nächte in meinem Raum, im Urlaub auch länger.
Manchmal kann man sich das Frühstück in diesen Raum bringen lassen.

? Mein Bauwerk steht in Italien und ist über 800 Jahre alt.
Es ist über 50 Meter hoch und wurde aus weißem Marmor gebaut.
Wenn man die Treppen bis zum höchsten Stockwerk hinaufgeht, hat man das Gefühl, bergauf und bergab zu gehen.
Das liegt an der Schräglage des Gebäudes, denn es ist knapp fünf Meter aus der Senkrechten geraten.

? Mein Gegenstand war in der Urzeit zäh und klebrig.
Wenn man ihn heute findet, ist er hart und hat eine hellgelbe, orangerote oder bräunliche Farbe.
Oft sind Insekten oder Spinnen darin gefangen, manchmal auch Pflanzenteile.
Juweliere stellen Schmuck daraus her.

? Das, was du erraten sollst, wird aus Eisen oder Kunststoff hergestellt.
Es hat kleine Zähne, aber es kann nicht beißen.
Du kannst damit etwas schnell schließen und öffnen, aber es ist kein Schloss.
An den meisten Hosen findest du es, aber auch an Anoraks, an Taschen und Rucksäcken.

Das, was du erraten sollst, ist ein Teekesselchen.
Es bezeichnet eine bestimmte Spielkarte und steht in der Rangfolge an dritter Stelle.
Es wird auch auf einem Brett mit 64 Feldern gespielt.
Außerdem ist es eine bestimmte Anrede für eine Frau.

? In meinem Beruf muss ich jeden Tag früh aufstehen, auch samstags und sonntags.
Ich habe mit Tieren zu tun, bin aber kein Tierarzt.
Viele Stunden am Tag arbeite ich draußen, auch wenn es regnet.
Im Frühjahr fahre ich viele Kilometer mit einem Fahrzeug, das besonders große Reifen hat.
Ich arbeite nicht in der Stadt, sondern auf dem Land.
Ohne mich gäbe es kein Brot, keine Milch und keine Schweineschnitzel.

? In mein Gebäude kommst du nur hinein, wenn sich eine Schranke öffnet.
Es gibt dort keine Teppiche und keine Möbel, aber auf der Erde sind auf jeder Etage in regelmäßigen Abständen weiße Striche gemalt.
An der Wand befinden sich oft Schilder mit Nummern darauf.
Wenn du mein Gebäude verlassen willst, musst du eine Karte in einen Automaten stecken.
Dann geht erneut eine Schranke hoch.

? Meine Comicfigur ist ein Hund mit langen schwarzen Ohren.
Am liebsten liegt meine Figur auf dem Dachfirst seiner Hundehütte und träumt.
Manchmal zieht er aber auch einen Jungen mit einer Schmusedecke hinter sich her, gibt einer Figur namens Lucy nasse Küsse und zählt die Grußkarten, die er dutzendweise zum Valentinstag erhält.
Ein kleiner Vogel, der Woodstock heißt, ist ein ständiger Begleiter meiner Figur.

Mein Gegenstand sieht aus wie eine Taschenuhr, aber er zeigt nicht die Zeit an.
Mein Gegenstand hat eine Rose, aber sie blüht nicht.
Mein Gegenstand hat auch eine Nadel, aber sie sticht nicht.
Sie sitzt hinter Glas auf einer feinen Spitze und kann sich drehen. Wenn du dich mal verlaufen hast, ist mein Gegenstand sehr hilfreich.

Mein Gegenstand ist aus Eisen und hat zwei oder mehrere Widerhaken.
Er ist groß und schwer und hängt an einer langen Kette.
Wenn man die Kette herunterlässt, senkt sich mein Gegenstand auf den Grund eines Flusses, eines Sees oder Meeres.
Wenn man die Kette wieder hochzieht, kann ein Schiff wieder Fahrt aufnehmen.

 Das, was du erraten sollst, ist ein Teekesselchen.
Es ist ein warmer Wind, der in den Alpen vorkommt.
Außerdem ist es ein elektrisches Gerät, das heiße Luft erzeugt.

Mein Gewürz wird entweder in Bergwerken abgebaut, oder es wird durch Verdunsten von Meerwasser gewonnen.
Unter einer Lupe kannst du sehen, dass es aus Kristallen besteht.
Mein Gewürz ist weiß und wird meistens gemahlen verkauft.
Es sieht aus wie Zucker, aber schmeckt nicht so.
Vor allem Brezeln werden damit bestreut.

? Meinen Gegenstand benötigt man im Winter, wenn es viel geschneit hat.
Wer mit dem Auto verreist, sollte meinen Gegenstand stets im Kofferraum mitführen.
Es ist kein Schlitten und es sind auch keine Skier, dennoch kommt man mit meinen Gegenstand von der Stelle, wenn es einmal nicht weiter geht.

? Mein Gemüse ist eine Wurzel.
Wenn du sie auf dem Markt kaufst, hängen manchmal noch grüne Stiele mit Blättern daran.
Mein Gemüse kannst du roh essen.
Wenn du das orangefarbene Äußere vorsichtig abknabberst, kannst du das »Herz« freilegen, das besonders gut schmeckt.
Kinder verwenden mein Gemüse im Winter als Nase für einen Schneemann.

Das, was du erraten sollst, ist ein Teekesselchen.
Es kann schwimmen und lebt am Ufer von Seen oder Flüssen.
Es ist auch ein Gefäß für bettlägerige Männer.
Außerdem bezeichnet man eine Zeitungsmeldung so, die sich als Irrtum herausgestellt hat.

? Meine Krankheit wird vor allem durch Nagetiere übertragen.
Vor 700 Jahren trat sie zum ersten Mal in Asien auf.
Wer angesteckt wurde, war bald von schwarzen Flecken und Beulen übersät und starb innerhalb weniger Tage.
Wegen der dunklen Flecken nennt man diese Krankheit auch heute noch »schwarzer Tod«.

Meine Sportart wird auf einem rechteckigen Rasenfeld gespielt.
Ein Spiel hat maximal acht Abschnitte zu sieben Minuten.
Es gibt zwei Mannschaften mit jeweils vier Spielern.
Jeder Spieler hat einen langen Stock mit einem hölzernen Schlaghammer am Ende.
Es gibt zwei Tore und einen Ball.
Jeder Spieler sitzt auf einem Pferd.

In meinem Beruf komme ich jeden Tag mit fremden Leuten zusammen.
In der Stadt, in der ich arbeite, muss ich mich besonders gut auskennen.
Ich benötige einen Führerschein, weil ich ohne ihn meinen Beruf nicht ausüben könnte.
In meinem Auto habe ich ein Funkgerät.
Ich fahre jeden Gast dorthin, wohin er möchte.

Mein Bauwerk ist eine berühmte Hängebrücke in Kalifornien/USA.
Bei ihrem Bau wurden über 100 000 Tonnen Stahl und 130 000 Kilometer Kabel verwendet.
Die Brücke ist über zwei Kilometer lang und überspannt die Bucht von San Francisco.
Wenn du sie auf Fotos oder im Fernsehen siehst, erkennst du sie daran, dass sie rot gestrichen ist.

? Mein Schiff gibt es nicht wirklich, aber in Gespenstergeschichten segelt es auf den Meeren rund um das Kap der Guten Hoffnung. Es bringt Tod und Verderben über jedes andere Schiff, das seinen Weg kreuzt.
Weil der Kapitän verflucht worden ist, muss das Schiff immer weitersegeln, ohne jemals einen Hafen erreichen zu können.

? Was du erraten sollst, bezeichnet einen Viehhirten, der außerhalb der Städte und Siedlungen lebt.
Er trägt einen Poncho aus Baumwolle und lebt in den Pampas Südamerikas.
Besonders auffällig sind sein breiter, mit Münzen verzierter Gürtel und die Boleadoras – drei geflochtene Rohlederriemen mit jeweils einem Stein oder einer Kugel aus Metall am Ende.

? Meine Sportart findet im Winter statt und geht über eine Strecke von bis zu 20 Kilometern.
Sie wird von Männern und Frauen ausgeübt, die Skier tragen.
Nach etwa drei Kilometern müssen die Sportler stehend oder liegend mit einem Gewehr auf fünf Zielscheiben feuern.
Wer schlecht zielt, muss eine Strafrunde laufen.

? Mein Gegenstand ist eine Waffe, die man in der Hand halten kann.
Als Munition verwendet man Patronen, aber es ist kein Gewehr.
Der Griff meiner Waffe wird aus Holz oder aus Elfenbein gefertigt.
Ihr Lauf ist unterschiedlich lang.
Meine Waffe ist keine Pistole, weil sie eine Trommel hat, die beim Spannen des Hahns weitergedreht wird.

? Meine Stadt war vor 1000 Jahren fast so groß wie das alte Rom.
Sie wurde von 20 Kilometer langen Mauern und über 50 befestigten Toren geschützt.
Kamelkarawanen, die zwischen Asien und Osteuropa unterwegs waren, passierten diese Stadt.
Einst war sie die Hauptstadt des Byzantinischen Reiches.
Auch heute noch gibt es diese Stadt, aber nun heißt sie Istanbul.

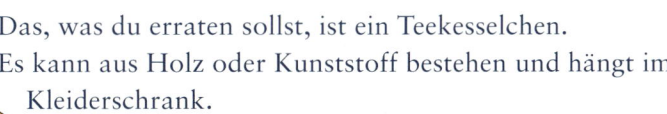

Das, was du erraten sollst, ist ein Teekesselchen.
Es kann aus Holz oder Kunststoff bestehen und hängt im Kleiderschrank.
Es ist Teil eines Brillengestells.
Außerdem heißt die Schutzvorrichtung am Abzug eines Gewehres so.

? Mit meinem Gegenstand kannst du etwas ganz Spezielles messen, aber es ist kein Zollstock und auch keine Stoppuhr.
Manchmal hängt es am Wohnzimmerfenster oder an einer Gartenmauer und hat eine rote und blaue Skala.
Du kannst es auch in den Mund stecken oder ins Ohr.
Dann zeigt es an, ob du Fieber hast oder nicht.

? Mein Obst hat einen Stein in der Mitte, aber es ist keine Kirsche.
Es ist gelb oder orangefarben.
Seine Haut ist pelzig, aber es ist kein Pfirsich.
Es ist so groß wie eine Pflaume und schmeckt sehr süß.
Das Fruchtfleisch ist saftig, aber es tropft nur selten, wenn man hineinbeißt.

? Mein Raum wird ohne Schornstein gebaut und liegt im Hof oder an einer Straße.
Darin wohnt kein Mensch, sondern ein Ding.
Immer, wenn man dieses Ding benutzen will, muss man das große Tor meines Raumes öffnen und hochschieben.
Manche Menschen stellen auch ihre Fahrräder in meinen Raum ab, alte Autoreifen, ihr Surfbrett oder einen Reservekanister mit Benzin.

? Das, was du erraten sollst, schützte im späten Mittelalter Soldaten.
Es wurde von einem Plattner hergestellt und bestand aus mehreren schweren Eisenteilen.
Ein Harnisch gehörte dazu, ein Kragen und auch ein Helm.

? Mein Planet trägt den Namen einer römischen Göttin.
Ihn haben Raumsonden wie Mariner oder Galileo erforscht.
Mein Planet ist nach Sonne und Mond der dritthellste Himmelskörper.
In der Dämmerung kannst du ihn mit bloßem Auge als Morgen- oder Abendstern sehen.

? Mein Tier kann sehr schlecht sehen, dafür aber seine Beute über eine Art Radar anpeilen.
Im Flug gibt mein Tier einen hohen Ton ab, den Menschen nicht hören können.
Wenn mein Tier schläft, hängt es mit dem Kopf nach unten und hüllt mit seiner elastischen Flughaut seinen Körper völlig ein.
In Märchen- und Gruselfilmen verwandelt sich mein Tier manchmal in einen Vampir.

Das, was du erraten sollst, ist ein Teekesselchen.
Du findest es an Jeanshosen, Gürteln und auch an Eisenbahnbrücken, wo es zwei Teile fest miteinander verbindet.
Es bezeichnet auch einen Menschen, der nichts taugt und der immer versagt.
Außerdem nennt man ein Los so, das keinen Gewinn bringt.

Mein Musikinstrument musst du in den Mund nehmen, um Töne zu erzeugen, aber es ist keine Trompete und auch keine Flöte.
Es ist so groß und dick wie ein Müsliriegel und hat an der Vorderseite viele kleine Löcher.
Wenn du durch mein Instrument ein- oder ausatmest, entsteht jedes Mal ein Ton.

Meine Person ist ein Mädchen aus Lothringen, das 1429 einem französischen König half, das Land von den Engländern zu befreien.
Sie war sehr religiös und behauptete, diesen Auftrag von Heiligen und Engeln erhalten zu haben.
Als Heerführerin in der Schlacht von Orléans führte sie die entscheidende Wende herbei.

Das, was du erraten sollst, führt geradeaus und um die Ecke.
Es besteht meistens aus Hecken und wurde in Parks angelegt, aber es kann ebenso gut aus Mauern bestehen.
Es gibt einen Mittelpunkt darin und viele Sackgassen.
Wenn du hineingehst, musst du dir den Weg gut merken, denn viele Wege führen hinein, aber nur einer hinaus.

? An meinem Fest ziehen Jugendliche manchmal durch die Straßen und spielen Schabernack und Streiche.
Es findet in der Nacht statt, die dem 1. Mai vorausgeht.
Der Überlieferung nach fliegen in dieser Nacht die Hexen auf ihren Besen zum Blocksberg im Harz.

? Meine Blume wächst auf jeder Wiese.
Sie hat weiße Blüten mit Blättern, die wie kleine Zungen aussehen.
Manche Menschen pflücken meine Blume, ziehen die Blütenblätter einzeln ab und murmeln dabei: »Sie liebt mich, sie liebt mich nicht.«
Meine Blume wird auch Maßliebchen genannt.

Das, was du erraten sollst, ist ein Teekesselchen.
   Man kann es in Restaurants oder zu Hause verspeisen.
   Es bezeichnet aber auch ein Gebäude, in dem Frauen und Männer in schwarzen Roben sitzen und sich um Gerechtigkeit bemühen.

? Mein Wesen wird in Sagen mit einem Frauenkopf und dem Leib eines geflügelten Löwen dargestellt.
Es hauste auf einem Berg in der Nähe von Theben und tötete Menschen, die ein aufgegebenes Rätsel nicht lösen konnten.
In der ägyptischen Stadt Giseh steht ein riesiges steinernes Abbild meines Wesens, das den Aufgang zu einer Pyramide bewacht.

Das, was du erraten sollst, ist ein Teekesselchen.
Es ist gekrümmt und überspannt eine Öffnung oder einen Fluss.
Ohne meinen Gegenstand kann man keine Geige spielen und auch keinen Pfeil abschießen.

In meine Stadt reisen alljährlich Millionen von Gläubigen.
Die Christen besuchen hier die Kirche, in der Christus begraben sein soll.
Die Juden beten an der Klagemauer, den Ruinen des Herodes-Tempels.
Die Moslems strömen zur Omar-Moschee, von wo aus Mohammed in den Himmel aufgestiegen sein soll.

Meine Figur stammt aus einer berühmten Serie von Kinofilmen.
Sie ist eine grüngelbe larvenähnliche Kreatur, der ununterbrochen grüner und brauner Schleim aus Nase und Mund läuft.
Gern nimmt sie einen Drink aus dem frisch gepressten Saft eines Insekts und lässt Bauchtänzerinnen, die sie an lange Ketten gelegt hat, vor sich auftreten.
Einmal befindet sich sogar Prinzessin Leia in ihrer Gewalt.

Mein Fahrzeug ist ein großes Schiff.
Die Werft, die es baute, brauchte zwei Jahre, um es fertig zu stellen.
Mein Schiff hatte vier Schornsteine und wurde sehr berühmt, weil es nur eine einzige Fahrt unternommen hat.
1985 entdeckte der Forscher Robert Ballard das Wrack meines Schiffes in einer Wassertiefe von 3798 Metern.

Das, was du erraten sollst, ist ein Teekesselchen.
Es befindet sich zwischen zwei Bergrücken und ist begeh- oder befahrbar.
Es ist aber auch eine Art Personalausweis, den du bei dir haben musst, wenn du in Urlaub fährst.

? Außerdem nennt man die Ballabgabe bei einem Fußballspiel so.

Mein Spiel ist für Erwachsene gedacht, und man kann es weder mit Figuren noch mit Karten spielen.
Die Chancen für einen Haupttreffer liegen bei
1 zu 139 836 160.
Um zu gewinnen, ist viel Glück nötig – und die richtigen Zahlen.

? Sie musst du auf einem Schein ankreuzen und in einer Annahmestelle abgeben.

Meine Blume kannst du in vielen Gärten sehen, aber sie wächst auch wild am Wegesrand.
Weil sie gut riecht, schön aussieht und einen langen Stiel hat, verschenkt man sie gern als Strauß zu Geburtstagen oder zur Hochzeit.
Meine Blume hat viele Farben, und es gibt unterschiedliche Arten davon.

? Eine davon heißt Baccara.
Im Herbst trägt meine Blume Früchte, die Hagebutten heißen.

? Mein Fest wird gefeiert, wenn zwei Menschen heiraten wollen, aber es ist keine Hochzeit.
Auf diesem Fest wird viel Lärm gemacht.
Es kommen Freunde und Verwandte, die manchmal Zeitungsschnipsel und Hausmüll vor die Haustür des Paares werfen.
Fast immer wird auch Porzellan zerschlagen.
Deshalb darf auf diesem Fest kein Besen fehlen.

? Mein Gegenstand ist ein Körper, der in Leinentüchern gewickelt ist, die mit Harz oder Sägemehl getränkt wurden.
Diese Tücher schützen meinen Gegenstand vor der Verwesung.
Werden die Tücher abgewickelt, erschrecken sich die meisten Menschen, weil eine Leiche zum Vorschein kommt, die gruselig aussieht.
In ägyptischen Gräbern findet man solche einbalsamierten Körper noch heute.

? Mein Spiel wird mit einem Ball gespielt, den man werfen, rollen, schlagen oder dribbeln kann.
Es ist ein schnelles und spannendes Spiel zwischen zwei Mannschaften zu je fünf Spielern.
Das Spielfeld hat eine harte Oberfläche.
Kinder spielen es aber auch in Garagenhöfen oder am Strand.
Hauptsache, man kann einen Korb aufhängen.

? Mein Bauwerk gilt als das größte der Welt, und du könntest es sogar vom Mond aus sehen.
Es ist 3460 Kilometer lang und besteht aus Erde, Holz und Steinen.
Millionen von Menschen bauten es in mehr als 1800 Jahren.
Mein Bauwerk hat kein Dach, aber es wird von unzähligen Wachtürmen unterbrochen.
Es steht in einem Land in Asien.

? Meine Figur ist ein flauschiges Schmusewesen mit großen Kulleraugen und stammt aus einer Serie von Filmen.
Eigentlich ist es lieb, aber unter bestimmten Umständen kann es sich auch in ein kleines Monster verwandeln, das rülpst und randaliert.
Es darf auf keinen Fall mit Wasser in Berührung kommen, niemals nach Mitternacht gefüttert werden und vor allem nie ans Sonnenlicht gelangen.

? Meine Gebirgskette ist eine der höchsten der Welt.
Sie liegt an der Grenze zwischen China und Nepal und hat viele zerklüftete Gipfel und Täler.
Ihre höchste Erhebung ist der Mount Everest.

? Mein Raum ist eng und für einen Menschen zu klein.
Von außen ist er gelb angestrichen.
Anstelle von Fenstern hat mein Raum einen Schlitz, der hinter einer Blechklappe liegt.
Ein- oder zweimal am Tag wird mein Raum geleert – immer um dieselbe Zeit.

Das, was du erraten sollst, ist ein Teekesselchen.
Es wird von einem Schauspieler in einem Theater oder einem Film verkörpert.
Es ist um seine Achse drehbar und bezeichnet eine Übung beim Bodenturnen.

Mein Planet ist nach einem Kriegsgott benannt.
Tag und Nacht sind auf diesem Planeten so lang wie auf der Erde.
Es gibt auch eine Atmosphäre mit Wolken und Winden auf diesem Planeten.
Eisenhaltiges Gestein und ein staubiger Boden geben dem Planeten eine rote Farbe.

Meine Stadt liegt in Italien, aber es ist nicht Florenz und auch nicht Venedig.
Nach einem alten Brauch springen Menschen am Neujahrsmorgen von den Brücken der Stadt in den Tiber.
Du kannst viele Denkmäler der Antike in meiner Stadt sehen, vor allem alte Tempel und ein Kolosseum.
Berühmt sind auch die Spanische Treppe und der Trevibrunnen.

Mein Raum passt in einen Beutel oder Sack und ist zunächst ganz klein gefaltet.
Sein Dach ist aus Stoff oder Plastik.
Um es aufzustellen, braucht man mehrere Stangen.
Seine Türen haben keine Scharniere und keine Klinken.
Man wohnt meistens im Urlaub in meinem Raum.
Wenn es sehr windig ist, fliegt der Raum manchmal weg.

? Mein Comictier lebt im Vorstadthaus von Jon Arbuckle.
Es verbringt den Tag zum größten Teil mit Schlafen, dem
Piesacken eines langhalsigen Hundes namens Odie, dem Jagen
von Postboten und Eiswagen und natürlich mit Fressen.
Am liebsten mag es Lasagne.
Davon frisst mein Tier so viel, dass es ein paar Kilogramm
Übergewicht mit sich herumschleppt.
Manchmal verspeist es auch andere Hausgenossen wie den
Frosch Herbie oder das Küken Nadine.

? Jedes Mädchen und jeder Junge hat ihn.
Manchmal haben ihn auch Haustiere.
Wer ihn hat, wird ihn sein Leben lang nicht mehr los, außer
manchmal bei einer Heirat.
Manche Menschen haben auch zwei oder drei davon.
Du hast ihn, weil deine Mutter und dein Vater ihn dir gegeben
haben.
Er steht später am Klingelschild, im Personalausweis und im
Telefonbuch.

? Mein Gegenstand ist rund und passt in eine geöffnete
Kinderhand, aber es ist kein Apfel und keine Apfelsine.
Mein Gegenstand ist sehr flach und wiegt nicht viel.
Eine Hülle aus Kunststoff schützt seine empfindliche
Oberfläche, in die Millionen von winzigen Einbuchtungen
gebrannt sind.
Was darauf gespeichert ist, kannst du nicht sehen, sondern nur
abspielen.

Das, was du erraten sollst, ist ein Teekesselchen.
Es ist ein Teil eines Paares, das es an Nase und Lunge gibt.
Manchmal wird es auch an Gebäuden angebaut.
Als Musikinstrument hat es einen großen aufklappbaren Deckel, und bei Insekten und Vögeln bewegt es sich schnell auf und ab.

Mein Gewürz gibt es in jeder Küche und in jedem Restaurant.
Wenn man es erntet, besteht es aus winzigen Körnern.
Sie kannst du zerstoßen oder in einer speziellen Mühle mahlen.
Wenn du mein Gewürz kaufst, ist es meist zu Pulver zermahlen und hat eine weiße oder braune Farbe.
Wenn dieses Pulver in deine Nase gelangt, musst du niesen.

Mein Gedenktag findet an einem bestimmten Wochentag vor Ostern statt.
Für Christen ist es ein Tag, der von Trauer, Stille und Besinnung bestimmt ist.
In der Kirche wird an diesem Tag der Altar dunkel verhängt, denn es ist der Todestag von Jesus Christus.

Mein Naturwunder kannst du manchmal in Wildwestfilmen sehen.
Es ist ein schluchtenartiges Engtal im Nordwesten von Arizona, durch das der Fluss Colorado fließt.
Dieses Tal ist bis zu 29 Kilometer breit und reicht über 1800 Meter in die Tiefe.
Als Tourist kann man hinunterreiten, vorbei an unzähligen geologischen Schichten.

Das, was du erraten sollst, war jahrhundertlang eine beliebte Art, um Meinungsverschiedenheiten zwischen zwei Männern auszutragen.
Man stellte sich in einer bestimmten Anzahl von Schritten voneinander entfernt auf, nahm eine Pistole in die Hand und feuerte auf ein vereinbartes Zeichen auf den Kontrahenten.

Das, was du erraten sollst, ist ein Teekesselchen.
Es bezeichnet die oberste Stelle eines Bogens.
Es ist die Linie, die das Kopfhaar in eine rechte und linke Hälfte teilt.
Außerdem bezeichnet es den Schnittpunkt eines Schenkels oder Winkels.

Mein Tier wird 20 bis 25 Zentimeter lang und frisst die Samen von Tannen-, Fichten- und Lärchenzapfen.
Es baut hoch oben in der Astgabel von Bäumen ein Nest.
Du kannst es oft in Parks oder in Gärten sehen.
Mein Tier ist manchmal so zutraulich, dass es Nüsse aus der Hand von Menschen annimmt, wenn man es damit füttert.
Im Herbst legt mein Tier Vorräte für den Winter an.

Mein Gemüse wird meistens im Keller gelagert, aber es ist keine Kartoffel.
Meine Frucht hat eine braune oder rote Hülle, die so trocken ist, dass sie knistert, wenn man sie abschält.
Meine Frucht kann mild oder scharf schmecken.
Man kann sie braten, dünsten oder roh essen.
Wenn man sie schneidet, treten einem oft Tränen in die Augen.

? Mein Spiel wird von zwei Mannschaften mit jeweils
sechs Spielern ausgetragen.
Es ist beendet, wenn eine Mannschaft drei Sätze
gewonnen hat.
Gespielt wird mit einem weichen Ball, der so viel wiegt
wie zwei Tafeln Schokolade.
Dieser Ball muss so über ein Netz geschlagen werden,
dass es der gegnerischen Mannschaft nicht gelingt, ihn
zurückzubringen oder zu verhindern, dass er auf den
Boden prallt.

? Mein Tier lebt nicht wirklich, sondern ist ein Wappentier,
das vom Betrachter aus gesehen immer nach links schaut.
Es hat Flügel und Krallen und einen Schnabel.
Du kannst es auf Flaggen sehen, auf alten deutschen Münzen
oder im Plenarsaal des Bundestags.
Manche Leute nennen mein Tier scherzhaft »Fette Henne«.

? Mein Tier ist eine Spinne, deren Gift auch für Menschen
gefährlich ist.
Ihr Körper ist zwar nur erbsengroß, aber ihr Biss ist 15-mal
giftiger als der einer Klapperschlange.
Meine Spinne trägt einen besonderen Namen, weil das
Weibchen nach der Begattung häufig das Männchen auffrisst.

? In meinem Spiel darf der Ball nur mit einer Hand gespielt und nicht gefaustet werden.
Das Tor ist drei Meter breit und einen Meter hoch.
Das Spielfeld ist 20 bis 30 Meter lang und bis zu 30 Meter breit.
Die Dauer eines Spiels beträgt vier Mal sieben Minuten mit drei Pausen von jeweils zwei Minuten.
Von jeder Mannschaft dürfen nur sieben gleichzeitig im Spiel sein.

? Mein Bauwerk ist das größte Bürogebäude der Welt.
Es liegt in den USA und hat die Form eins gleichseitigen Fünfecks.
Es ist das Hauptquartier der Streitkräfte der Vereinigten Staaten von Amerika.
Am 11. September 2001 ließen Terroristen ein Flugzeug mitten auf das Gebäude stürzen.

? In meinem Beruf habe ich mit Kindern, mit Männern und Frauen zu tun.
Manchmal müssen sie ein paar Minuten warten, bis sie in meinem Laden an die Reihe kommen.
Sie lesen dann in Zeitungen oder Zeitschriften.
Später dürfen sie auf einem bestimmten Stuhl Platz nehmen und mir ihre Wünsche sagen.
Die Menschen können mir bei meiner Arbeit in einem großen Spiegel zusehen und sind meistens zufrieden, wenn ich fertig bin, obwohl ich ihnen etwas abgeschnitten habe.

? In meinem Raum gibt es keine Fenster.
Wenn das Licht ausgeht, ist es darin dunkel.
Die Menschen, die in diesem Raum sitzen, schauen immer nach vorn und müssen dafür auch noch Eintritt bezahlen.
Oft lachen sie in diesem Raum oder weinen oder fürchten sich.
Viele essen Popcorn in diesem Raum oder trinken Limonade.

? Mein Bauwerk gibt es auf der ganzen Welt, aber es steht nur dort, wo es auch Flüsse gibt.
Auf der einen Seite meines Bauwerks ist es nass, auf der anderen ist es trocken.
Mein Bauwerk ist sehr hoch und breit, vor allem aber hat es eine sehr dicke Mauer, denn es darf nicht umfallen und auch nicht auseinander brechen.

Das, was du erraten sollst, ist ein Teekesselchen.
Es besteht aus Metall und kann rosten.
    Beim Backen wird es mit Öl oder Butter bestrichen.
    In einem Orchester nennt man bestimmte Blasinstrumente so.

? In meinem Beruf arbeite ich manchmal früh und manchmal bis spät nachts in einem großen Raum, in dem oft viele Menschen sitzen.
Ich laufe sehr viel, um den Menschen ihre Wünsche zu erfüllen und bringe ihnen Dinge, die sich in Gläsern oder auf Tellern befinden.
Wenn die Leute bezahlen, bekomme ich manchmal ein Trinkgeld.

? Meine Stadt liegt im Süden Italiens.
Obwohl dort seit fast 2000 Jahren niemand lebt, sind noch zahlreiche Villen, Tempel und Straßen erhalten.
Früher lebten hier 15000 Menschen, aber dann brach ein Vulkan aus und verschüttete die Stadt.
Auch heute liegt ein Drittel der Stadt noch immer unter der Lava des Vesuvs begraben.

? Der Schwanz meines Tieres heißt in der Jägersprache »Lunte«, aber es ist kein Marder, kein Wolf und auch keine Wildkatze.
Aus dem roten Fell meines Tieres macht man seit Jahrhunderten Pelze.
In Märchen und in Sagen wir mein Tier als schlau und verschlagen dargestellt.
Viele Kinder kennen es als »Meister Reineke«.

? Mein Bauwerk ist weltberühmt und steht auf einer kleinen Insel vor der Stadt New York.
Es ist fast 100 Meter hoch und besteht aus Eisen und Kupfer.
Mein Bauwerk ist eine Statue, deren Kopf sieben lange Spitzen an der Krone hat.
In der rechten Hand hält sie eine Fackel mit einer vergoldeten Flamme.

? In meinem Raum ist es immer feucht und heiß.
Weil die Temperatur dort bis auf 95 Grad ansteigen kann, haben die Menschen, die meinen Raum betreten, keine Hosen, keine Schuhe und auch kein Hemd an.
Sie arbeiten auch nicht in meinem Raum, sondern sitzen dort nur auf Holzbänken und schwitzen.

? Mein Tier hat eine so feine Nase, dass es andere Tiere noch in mehreren Kilometer Entfernung riechen kann.
Bei Katastrophen wird es deshalb eingesetzt, um verletzte oder verschüttete Menschen aufzuspüren.
Eines dieser Tiere – es hieß »Laika« – umrundete vor vielen Jahren sogar in einem Satelliten die Erde und überlebte dort mehrere Tage in der Schwerelosigkeit.

? Meine Figur lebt in einem Wald, in dem alle Tiere miteinander sprechen können.
Erfunden hat sie der Schriftsteller Felix Salten, aber berühmt gemacht hat sie ein Disney-Film.
Die besten Freunde meiner Figur sind das Stinktier Blume und der Hase Klopfer.
Nach meiner Figur wurde sogar ein deutscher Filmpreis benannt.

? Meinen Gegenstand gibt es in fast jedem Auto.
Du kannst ihn nicht sehen, weil er in den Seitentüren oder im Armaturenbrett versteckt ist.
Mein Gegenstand dient der Sicherheit und schützt dein Gesicht und deinen Körper bei einem Unfall.

? Mein Gegenstand ist ein Küchengerät.
Er hat einen Deckel, den man aufklappen kann.
Wenn man ihn benutzt, gibt man Teig auf eine Platte, die viele Erhebungen und Vertiefungen hat.
An einem Knopf kann man die Temperatur einstellen.
Wenn der Teig fest geworden ist, erhält man ein leckeres Gebäck.

Das, was du erraten sollst, ist ein Teekesselchen.
Es wird von Männern zu festlichen Anlässen getragen, aber es ist keine Krawatte.
Mein Teekesselchen ist auch ein Insekt mit zwei Flügeln und kurzen Fühlern.
Außerdem nennt man beim Angeln einen künstlichen Köder so.

Mein Gegenstand ist aus Papier.
Er ist rund, klein und sehr leicht.
Wenn du ihn hochwirfst, fliegt er durch die Luft und fällt nur langsam zu Boden.
Mit einem Locher kannst du meinen Gegenstand selber herstellen, meistens wird er jedoch in Tüten verkauft.
Auf Hochzeiten und an Karneval wird er auf die Köpfe der Leute geworfen.

Mein Gegenstand spendet Schatten.
Man kann damit ein Feuer anfachen oder ein Pferd tränken.
In Filmen benutzen es Menschen es auch als Kopfkissen für ein Nickerchen.
Meinen Gegenstand tragen Männer wie Frauen.
Er wird aus Filz gemacht, aus Leder oder aus geflochtenem Stroh. Immer hat er eine Krempe.

? Meine Sportart wird von einem Mattenrichter geleitet.
Zwei Sportler müssen dabei mindestens drei Minuten gegeneinander kämpfen.
Sie tragen spezielle Kampfanzüge mit Gürteln, die mindestens zweimal um den Körper reichen.
Punkte gibt es für die Wurf- und die Grifftechnik. Gewonnen hat, wer einen Ippon erhält.

? Mein Fluss ist über 2800 Kilometer lang und durchquert acht Länder.
Er entspringt im südlichen Schwarzwald und mündet im Schwarzen Meer.
Die berühmtesten Städte, durch die er fließt, sind Wien und Budapest.
Der Komponist Johann Strauß hat dem Fluss einen berühmten Walzer gewidmet.

? Meine Blume wächst auf jeder Wiese.
Sie blüht weiß oder violett und hat eine eiförmige Blüte.
Bauern züchten sie als Düngepflanze oder als Futter für Vieh.
Viele Menschen haben auch Interesse an den Blättern meiner Blume, denn wenn man ein vierzähliges Blatt findet, soll es Glück bringen.

? Mein Musikinstrument hat Saiten, aber es ist keine Harfe.
Es hat einen Resonanzkörper aus Holz, aber es ist kein Cello und auch kein Kontrabass.
Beim Spiel wird es mit einer Hand gehalten und mit dem Kinn gestützt.
Da man es mit einem Bogen spielt, nennt man mein Instrument auch Fiedel.

Das, was du erraten sollst, ist ein Teekesselchen.
Du kannst es als Punkt auf einem Spielwürfel sehen.
   Es reagiert auf Licht und bezeichnet den Knospenansatz
   von Pflanzen.
Auch die Schlinge am Ende eines Taus heißt so.
Außerdem besitzen es Menschen und Tiere.

Meinen Festtag begeht man nach der Karnevalszeit.
An diesem Tag gibt es kein schulfrei und auch keine
Geschenke.
Man feiert an diesem Tag den Beginn der österlichen Bußzeit.
In der Kirche erhältst du ein Kreuz, das der Priester dir auf die
Stirn zeichnet.

Meine Frucht wächst auf Hügeln und Bergen.
Die Farbe meiner Frucht ist grün, dunkelrot oder schwarz.
Sie schmeckt sehr süß, und aus ihrem Saft macht man ein
alkoholhaltiges Getränk, das in Flaschen verkauft wird.
Wenn man meine Frucht trocknet, werden daraus Rosinen.

Mein Spielgerät ist groß und schwer.
Du musst dich davor stellen, um es zu spielen, und du
brauchst beide Hände dafür.
Wenn die kleine Metallkugel rollt, leuchten bunte Lämpchen
auf, und es rattert immerzu.
Am unteren Spielfeldrand befinden sich zwei kleine Arme, die
du mit Knöpfen bewegen kannst.
Wenn du genügend Punkte gesammelt hast, gibt es ein
Bonusspiel.

Mein Gegenstand ist ein Apparat, der in keinem Labor fehlt.
Sein wichtigstes Teil ist das Okular und der Objektivrevolver.
Meinen Apparat kannst du in einfacher Form auch in
Spielwarengeschäften kaufen.
? Du kannst mit ihm kleine Gegenstände vergrößert betrachten,
oft bis zu 200-fach und mehr.

Das, was du erraten sollst, ist ein Teekesselchen.
Du kannst es im Gebirge sehen, aber auch
bei einem Hahn und bei Hühnern.
Dort nennt man den Hautlappen auf
dem Scheitel so.
? Außerdem ist es ein Gerät zum
Glätten und Ordnen des Haars.

Mein Bauwerk steht auf vier Beinen
und ist doppelt so hoch wie die
Cheopspyramide in Ägypten.
Es wurde aus Eisen gebaut und muss alle paar Jahre von oben
bis unten neu angestrichen werden, damit es nicht rostet.
2,5 Millionen Nieten halten mein Gebäude zusammen.
? Wenn du die Treppen meines Gebäudes hoch genug
hinaufsteigst, kannst du über ganz Paris schauen.

Mein Spiel wird auf einem Platz im Freien ausgetragen.
Es wird mit einem Schläger gespielt, aber es ist kein Tennis.
? Die Schläger können aus Holz, aus Eisen und aus Leichtmetall
bestehen und werden oft von einem Caddie getragen.

? Mein Gegenstand ist ein spitzer Schuh mit Absätzen.
Er hat weder Schnürsenkel noch Schnallen.
Um ihn anziehen zu können, steigt man am besten im Stehen hinein und zieht ihn an speziellen Laschen hoch.
Je mehr Ziernähte er hat, desto teurer ist er.
Echt ist dieser Schuh nur mit Sporen an den Hacken.

? Für mein Fahrzeug brauchst du einen Helm, aber es ist kein Fahrrad.
Mein Fahrzeug hat einen Motor, aber es ist kein Gokart.
Um es fahren zu können, braucht man einen Führerschein.
Es hat zwei Räder, und sein Auspuff knattert laut.

? Mein Gegenstand ist eine Waffe, die im Mittelalter erfunden wurde.
Um damit schießen zu können, muss eine Sehne mit Hilfe einer Winde gespannt werden.
Es gibt keinen Pfeil, sondern einen Bolzen an dieser Waffe.
Gezielt wird durch Anlegen an die Wange.
Wilhelm Tell soll mit dieser Waffe einen Apfel vom Kopf eines Menschen geschossen haben.

? Mein Spiel wird auf öffentlichen Plätzen, in Parkanlagen und oft auch am Strand gespielt.
Meistens stehen Menschen um die Spieler herum und schauen interessiert zu.
Alle Augen sind dabei auf das so genannte Schweinchen gerichtet – eine Zielkugel, an die man eine Wurfkugel so nahe wie möglich heranbringen muss.

Mein Tier ist sehr flink.
Man trifft es oft auf sonnigen Felsen in Weinbergen und auf der Heide an.
Das Schuppenkleid meines Tieres hat verschiedene Farbtöne und Zeichnungen, die der Umwelt angepasst sind.
Es ist meist braun mit einer Reihe dunkler Punkte und Flecken auf dem Rücken.
Mit seiner Zunge schnappt mein Tier nach Insekten und Spinnen.
Auffällig ist sein langer Schwanz, der fast die Hälfte der gesamten Körpergröße meines Tieres ausmacht.

 Das, was du erraten sollst, ist ein Teekesselchen.
Es besteht aus Draht oder Bast und hat meistens einen Henkel.
Es hängt unter einem Heißluftballon.
Beim Basketball muss man es treffen, um einen Punkt zu machen.

 Mein Tier ist ein Ungeheuer, das bisher nur wenige Menschen gesehen haben.
Man weiß bis heute nicht, ob es wirklich lebt oder ob es bloß eine Einbildung ist.
Mein Tier soll einen langen Hals und einen kleinen Kopf haben.
Von seinem Körper sollen zwei oder vier Schwimmflossen seitlich abstehen.
Touristen aus aller Welt reisen zu dem See in Schottland, in dem es lebt.

? Meine Stadt war früher durch eine Mauer geteilt.
Meine Stadt hat viele hunderttausend Einwohner und ist heute die Hauptstadt Deutschlands.
Ein berühmtes Bauwerk in meiner Stadt ist das Brandenburger Tor.
Außerdem steht der Deutsche Bundestag dort.

? Auf das, was du erraten sollst, kannst du klettern.
Es wachsen Bäume darauf, und oft liegt auch Schnee ganz oben.
Flugzeuge müssen dem, was du erraten sollst, ausweichen, aber Drachenflieger starten oft von seinem Gipfel.

? Mein Gegenstand steht in jeder Stadt.
Erwachsene müssen eine Münze hineinstecken, um ihn benutzen zu können, aber es ist kein Fahrkartenautomat und auch kein öffentliches Telefon.
Fahrradfahrer brauchen meinen Gegenstand nicht, aber Autofahrer, die ihren Wagen abstellen, müssen darauf achten, dass die Zeit, die mein Gegenstand anzeigt, nicht abläuft.

? Das, was du erraten sollst, bekommst du mehrmals im Jahr.
Am längsten ist es im Sommer und am kürzesten zu Pfingsten.
Du kannst es nicht in die Hand nehmen, wenn du es bekommst, aber du kannst morgens lange schlafen.
Wenn du es hast, haben es immer auch deine Lehrer.

Lösungen der Rätsel für Kinder zwischen 10 und 12

- S. 76: Fahrstuhl, Knoten, Sonnenblume, Baseball
- S. 77: Gitarre, Eule, Rhein
- S. 78: Gefängniszelle, Chewbacca, Kommunion, Orange
- S. 79: Blase, Fliege, Briefträger
- S. 80: Domino, Handy, Balu, Hotelzimmer
- S. 81: Schiefer Turm von Pisa, Bernstein, Reißverschluss, Dame
- S. 82: Bauer, Parkhaus, Snoopy
- S. 83: Kompass, Anker, Föhn, Salz
- S. 84: Schneeketten, Karotte, Ente, Pest
- S. 85: Polo, Taxifahrer, Golden-Gate-Brücke
- S. 86: Fliegender Holländer, Gaucho, Biathlon, Revolver
- S. 87: Konstantinopel, Bügel, Thermometer, Aprikose
- S. 88: Garage, Ritterrüstung, Venus, Fledermaus
- S. 89: Niete, Mundharmonika, Jeanne d'Arc, Labyrinth
- S. 90: Walpurgisnacht, Gänseblümchen, Gericht, Sphinx
- S. 91: Bogen, Jerusalem, Jabba The Hutt, Titanic
- S. 92: Pass, Lotto, Rose
- S. 93: Polterabend, Mumie, Basketball
- S. 94: Chinesische Mauer, Gremlin, Himalaya, Briefkasten
- S. 95: Rolle, Mars, Rom, Zelt

Lösungen

S. 96: Garfield, Name, CD / Compact Disk
S. 97: Flügel, Pfeffer, Karfreitag, Grand Canyon
S. 98: Duell, Scheitel, Eichhörnchen, Zwiebel
S. 99: Volleyball, Bundesadler, Schwarze Witwe
S. 100: Wasserball, Pentagon, Frisör
S. 101: Kino, Talsperre, Blech, Kellner
S. 102: Pompeji, Fuchs, Freiheitsstatue, Sauna
S. 103: Hund, Bambi, Airbag, Waffeleisen
S. 104: Fliege, Konfetti, Hut
S. 105: Judo, Donau, Klee, Violine / Geige
S. 106: Auge, Aschermittwoch, Traube, Flipper / Pinball
S. 107: Mikroskop, Kamm, Eiffelturm Golf
S. 108: Cowboystiefel, Motorrad, Armbrust, Boule / Boccia
S. 109: Eidechse, Korb, Nessie
S. 110: Berlin, Berg, Parkuhr, Ferien